Trancegeschichten

für Lebenshilfe und Therapie

Ingo Michael Simon

Ingo Michael Simon studierte Psychologie und Pädagogik und ist Hypnosetherapeut mit Praxistätigkeiten in Südwestdeutschland und in der Schweiz. Mit Hilfe hypnosegestützter Psychotherapie behandelt er vor allem Menschen mit anhaltenden psychischen Leiden. Angststörungen aller Art und psychosomatische Erkrankungen bilden den Schwerpunkt seiner Praxistätigkeit. Zu seinen therapeutischen Angeboten gehören hauptsächlich Hypnoseanwendungen sowie Quantenheilung und die von ihm selbst entwickelte Traumlandtherapie.

Ausbildungskurse

Ingo Michael Simon bietet regelmäßig Ausbildungskurse zu verschiedenen Therapieformen und Themen an. Aktuelle Informationen und Termine finden Sie auf seiner Homepage www.praxissimon.de.

Trancegeschichten

für Lebenshilfe und Therapie

Band 2

von Ingo Michael Simon

Trancegeschichten

für Lebenshilfe und Therapie

ISBN: 978-3-7347-6776-0
Herstellung und Verlag:
BoD - Books on Demand GmbH, Norderstedt

Wichtiger Hinweis
Die Inhalte dieses Buches beruhen auf den praktischen Erfahrungen des Autors mit Hypnoseanwendungen und Psychotherapie im Zustand der Trance. Obwohl sich der Autor um größtmögliche Sorgfalt bemüht hat, können Fehler oder Missverständnisse in der Darstellung nicht vollkommen ausgeschlossen werden. Die Texte dieses Buches oder Teile davon können in therapeutische Sitzungen eingebaut werden oder zur Unterstützung therapeutischer Prozesse benutzt werden. Das Buch ersetzt auf keinen Fall die sorgfältige Arbeit eines Arztes oder Heilpraktikers, kann also nicht stellvertretend oder ersatzweise für die Behandlung durch einen Therapeuten verstanden werden. Die therapeutische Arbeit mit Menschen sowie die Anwendung der Texte des Buches obliegen ausschließlich der Verantwortung des Therapeuten. Es kann nicht ausgeschlossen werden, dass Teile dieses Buches falsch verstanden werden oder der Einsatz der Texte des Buches eine ungewünschte Reaktion beim Klienten bewirken kann. Eine Mitverantwortung des Autors besteht auch dann nicht, wenn unter Hinweis auf die Ausführungen dieses Buches mit einem Klienten gearbeitet wird.

Inhaltsverzeichnis

Vorbemerkungen 7

Die silberne Mutkugel *Mut entdecken* 16

Dein Mut für dich *Mut zulassen* 22

Vergessener Mut *Früheren Mut reaktivieren* 28

Sonnenaufgang *Hoffnung spüren* 34

Zeit läuft niemals ab *Hoffnung erhalten* 40

Du und Du *Mut zur Konfrontation/Konfliktlösung* 46

Ein Koffer voller Mut *Selbstpräsentation* 52

Der Krug der Elfe *Hoffnung auf Genesung* 58

Rosen ohne Dornen *Hoffnung auf Liebe* 64

Die Wegegabelung *Mut zum Neubeginn* 70

Schlusswort 76

Vorbemerkungen

Das Land der Träume

Die Arbeit mit Trancegeschichten ist älter als die Hypnosetherapie. Märchen und Erzählungen haben eine besondere Bedeutung, die in allen Kulturen der Welt weitgehend gleich ist. Sie werden erzählt, um Angst zu vertreiben, um Ruhe zu finden und um den Kindern etwas Lehrreiches mit auf den Weg zu geben. Verpackt in eine Geschichte soll auf Gefahren aufmerksam gemacht werden, sollen Moral und Tugend aufgebaut und gefördert werden und nicht zuletzt sollen böse Geister vertrieben werden. Im Grunde genommen geht es in Märchen immer um etwas Heilsames.

Viele Trancetherapeuten wehren sich sicherlich bei der Behauptung, dass eine Trancereise ein Märchen sei. Das hat wahrscheinlich damit zu tun, dass der Trancereise oder den Trancegeschichten eine therapeutische Absicht anhaftet, was bei den Kindermärchen nicht der Fall ist. Dennoch wirkt das gleiche Prinzip. Unsere Vorstellungskraft wird gefordert. Wir versetzen uns beim Anhören immer in das Märchen oder eben in die Trancegeschichte hinein. Dabei spielt es keine Rolle, ob wir die Geschichte interessant oder albern finden. Wir gehen automatisch in die verschiedenen Figuren und Rollen hinein und machen uns ein Bild davon, was wir wohl selbst tun würden in der einen oder anderen Situation. Märchen beinhalten meistens Elemente, die nicht realistisch sind: Zauberei, Magie oder Wesen, die uns im Alltag nicht begegnen, spielen hier oft eine Rolle. Gleichzeitig ist der Kern der Geschichte doch immer sehr realistisch und gibt Anknüpfungspunkte zu unserem Leben. Die vermittelte Botschaft ist meistens eine Aufforderung, sich gut und ehrbar zu verhalten. Darauf verzichtet Therapie natürlich. Es geht ja nicht darum, einen moralisch guten Menschen zu erziehen, sondern Symptome zu lindern. Es ist jedoch das gleiche Prinzip. Trancegeschichten können Elemente oder Abläufe enthalten, die zauberhaft oder märchenhaft sind. In meinem Buch *Wellen am Horizont* gibt es beispielsweise eine Geschichte, bei der es um einen Freiheitsflug geht. In der Trancegeschichte geht das einfach, indem wir die Arme ausbreiten und fliegen. In der Fantasie ist das kein Problem. Wer hat nicht diese Fantasien, fliegen zu können, zaubern zu können?

Gleichzeitig geht es aber auch um ganz reale Probleme oder im Falle der Behandlung von Krankheiten auch um Symptome. Das Problem des Klienten wird in eine Geschichte verpackt, die ein symbolisches Spiegelbild der Thematik ist. Das wird intuitiv verstanden, so wie wir Metaphern und Vergleiche sehr leicht verstehen. Die von mir entwickelte Traumlandtherapie arbeitet nun mit ganz speziellen Märchen, genau genommen mit einer Märchenwelt, die der Klient selbst mit Leben füllt. Im Unterschied zu vielen anderen Trancegeschichten oder Fantasiereisen gibt es hier keinen vorgezeichneten Handlungsablauf und keine Figuren, denen ich Worte in den Mund lege. Meistens ist der Klient alleine im Land der Träume unterwegs und erkundet seine Emotionen und Bilder seiner Erinnerungen, um neue Wege zu finden. Manchmal trifft er auch Figuren, die in seiner Fantasie von alleine anfangen zu sprechen, ohne dass ich Inhalte oder Worte vorgebe. Die Traumlandreisen sind so aufgebaut, dass verdrängte Gefühle und Ereignisse wiederbelebt werden und auf einer tiefen Gefühlsebene verstanden und verarbeitet werden. Daher kommt die Traumlandreise auch ohne direkte oder verklausulierte Zielsuggestionen aus. Ziele und Wege findet der Klient im Land der Träume selbst. Es handelt sich also weniger um eine tatsächliche Geschichte als um eine Reise durch die eigenen Emotionen. Dabei kann der Zuhörer mehrfach die Perspektive wechseln und seine Probleme von verschiedenen Seiten her betrachten. Im Verlauf der Trancereise kann er außerdem Lösungswege ausprobieren und seine eigene Kreativität und innere Heilkraft wecken. Trancereisen regen immer zum Denken und Fühlen an, können praktisch keinen Schaden anrichten und sind leicht verfügbar. Mit etwas Fantasie können wir uns täglich neue Trancereisen ausdenken und sie unseren Klienten in der Beratung oder in der Therapie anbieten. Wenn sie sich für die Traumlandtherapie interessieren und diese gerne selbst erlernen möchten, besuchen sie mich doch einfach einmal auf der Homepage *www.traumlandtherapie.de* oder informieren sich über Kursangebote zur Traumlandtherapie auf *www.praxissimon.de.*

Sind Trancereisen immer ungefährlich?

Ich werde häufig auf meine Trancegeschichten angesprochen. In meinen Ausbildungsgruppen und von meinen Klienten höre ich immer wieder, dass die Geschichten sehr berührend sein können. Das gilt natürlich vor allem für das Zuhören. Wer die Geschichten für sich selbst lesen möchte, sollte sie auf Tonband sprechen und dann anhören. Das wirkt besser als das einfache Lesen. Ich werde dann sehr oft gefragt, worauf denn zu achten sei beim Formulieren einer Trancegeschichte, um Schäden beim Klienten zu vermeiden. Natürlich gibt es gute und weniger gute Trancereisen. Wenn es gelingt, die Trancegeschichten dieses Buches ein bisschen auf den jeweiligen Klienten anzupassen, werden sie zu ganz individuellen Reisen. Ich fordere alle Kursteilnehmer und natürlich auch alle Leserinnen und Leser dazu auf, gerade das zu tun. Nehmen Sie die Geschichten als Beispiele oder als Grundgerüst und verändern Sie hier und da etwas. Sorgen Sie sich nicht. Sie schaden ihrem Klienten nicht mit einer Geschichte, auch nicht mit einer visualisierten Reise durch seine Emotionen und Gedanken. Doch ich kenne schon das nächste Argument: Was helfen kann, kann auch schaden. Wer hilft, verändert ja etwas. Also kann auch eine negative Veränderung eintreten.

Ich bleibe stur. Trancegeschichten sind keine Tricksuggestionen, die den Klienten manipulieren sollen. Es ist immer hilfreich, die eigenen Stimmungen und Gedanken anzuschauen und damit umzugehen. Natürlich werden Trancereisen nicht einfach nur vorgelesen. Berater, Geistheiler oder Therapeuten sind als Ansprechpartner da, sie greifen die Gefühle und die Äußerungen der Klienten auf und helfen ihnen, diese zum Ausdruck zu bringen. Wir geben unseren Klienten Raum, da zu sein und sich zu öffnen. Ich versichere ihnen, dass das Gegenteil viel dramatischer ist: Schweigen, Ablenken und nicht darüber reden oder nicht einmal an die Probleme denken. Das führt zu einem immer größer werdenden inneren Druck, der die Problematik verschlimmert. Jedes Sprechen über Probleme und Themen eines Menschen, sofern es frei von Aufforderungen, Anweisungen und Kommandos oder gar Schuldzuweisungen und Moralpredigten ist, hilft beim Verstehen und Bewältigen von Krisen und Krankheiten und beim Neuanfang.

Wie können die Geschichten eingesetzt werden?

Jede Geschichte beginnt mit einem kleinen Einleitungsteil, den ich kursiv und in Klammern dem eigentlichen Trancetext vorangestellt habe. Wenn Sie eine Fantasiereise zur Entspannung vorlesen oder um einen Menschen das betreffende Thema betrachten zu lassen, ohne vorher mit ihm therapeutisch gearbeitet zu haben, sollten Sie diese Einleitung vorlesen. Jeder Tagtraum dieses Buches, auch so kann eine Trancegeschichte genannt werden, dauert ca. zehn bis fünfzehn Minuten, je nach Lesetempo. Ich habe das ganz gezielt so gewählt, damit die Trancereisen auch in therapeutische oder Beratungssitzungen eingebaut werden können. Dort eignen sie sich zum Abschluss oder als integrierter Teil einer Sitzung, die bei den meisten Therapeuten fünfundvierzig bis neunzig Minuten dauert.

Im Text habe ich Lücken gelassen, die ich mit Pünktchen ausgefüllt habe … … Diese sollen den Lesefluss verlangsamen. Es ist wichtig, nicht zu schnell zu lesen, um dem Zuhörer und seinem Unterbewusstsein Gelegenheit zu geben, das Gehörte nachzuempfinden und eine bildhafte Vorstellung dazu zu entwickeln. Lassen Sie ruhige Instrumentalmusik im Hintergrund laufen. Das

erleichtert die Entspannung und erhöht die Wirkung der Trancegeschichten.
Ich verzichte auf eine theoretische Erklärung der Wirkungsweise von Trancegeschichten und darüber, welche Wörter man benutzen oder lieber weglassen sollte, wenn man solche Geschichten schreibt oder frei formuliert. Probieren Sie die Tagträumereien einfach einmal aus und versuchen Sie doch einmal nach einiger Zeit, selbst eine Fantasiereise zu schreiben. Sie werden sehen, dass es vor allem auf die liebevolle und zärtliche Grundhaltung beim Formulieren und beim Lesen oder Sprechen ankommt, auf Respekt und ehrliche Akzeptanz. Das ist dann schon mehr als genug, um eine gute und auch therapeutische Wirkung zu erzielen.

Wie erfolgte die Auswahl der Themen und Texte des Buches?

Die Bücher der vorliegenden Reihe enthalten jeweils zehn Trancegeschichten zu einem ausgewählten Thema. Dabei dienen die ersten fünf Geschichten der grundsätzlichen Betrachtung des eigenen Standpunktes und des eigenen Potenzials. Die weiteren Trancegeschichten behandeln spezielle Ausprägungen und Varianten des Themas. Ich habe versucht, jeweils Themen und Schwerpunkte auszuwählen, die häufig in der Praxis von Beratern und Heilpraktikern vorkommen. Es versteht sich von selbst, dass eine Behandlung durch einen Arzt oder Heilpraktiker nicht durch Trancereisen ersetzt werden kann. Sie können aber helfen, die inneren Kräfte zu mobilisieren, um Veränderungs- oder Heilungsprozesse zu unterstützen. Die Trancegeschichten können also von Therapeuten oder von Lebensberatern benutzt werden und in die Sitzungen mit Klienten eingebaut werden. Natürlich kann auch jeder Laie die Geschichten vorlesen und damit helfen. Lassen sie einfach etwas ruhige Instrumentalmusik laufen und lesen sie etwas langsamer und auch leiser als sie normalerweise sprechen. Probieren sie es aus und sehen Sie selbst, wie einfach das ist. In meiner Praxis nehme ich die frei gesprochenen Trancereisen immer auf, indem ich ein digitales Diktiergerät mitlaufen lasse und meinen Klienten dann eine Audio-CD brenne, die sie direkt mitnehmen können. So können sie die Trancereise immer wieder anhören und immer neue Facetten ihrer Probleme betrachten, verschiedene Lösungsideen entwerfen und schließlich neue Wege beschreiten. Beachten sie bitte bei Tonaufnahmen die Lizenzierung der benutzten Musik. Das ist urheberrechtlich vorgeschrieben und es gebietet die Fairness dem Komponisten gegenüber.

Bei der Behandlung psychischer und psychosomatischer Beschwerden oder Krankheiten arbeite ich mit einer ausdifferenzierten Struktur und Schrittfolge der Fantasiereisen. Wenn Sie sich für die therapeutische Arbeit mit Fantasiereisen und für mein Therapiekonzept in fünf Schritten (5 Sitzungen) interessieren, dann besuchen Sie mich doch einfach auf der Homepage der Traumlandtherapie (www.traumlandtherapie.de) oder meiner Praxis (www.praxissimon.de). Außerdem finden Sie in der Buchreihe *Im Land der Träume* jeweils fünf therapeutische Fantasiereisen zu zwei Themen. In dieser Reihe sind die Fantasiereisen nach der Struktur meiner eigenen psychotherapeutischen Arbeit aufgebaut. Ich bilde Sie auch gerne zum zertifizierten Traumlandtherapeuten aus.

Und nun wünsche ich Ihnen viel Spaß mit den Fantasiereisen und angenehme Tagträume!

Die silberne Mutkugel

Mut entdecken

[Du kennst das Gefühl, dass der eigene Mut dich scheinbar verlässt. Es ist dann so, als würde er einfach verschwinden, ohne dass du etwas dagegen tun kannst. Dann hast du immer wieder versucht, Mut zu finden oder irgendwie zu reaktivieren. Manchmal ist es dir gelungen, in anderen Fällen hast du es nicht so geschafft wie du wolltest. Mit der Zeit hast du den Glauben an deinen eigenen Mut auch manchmal verloren oder deine Zweifel sind so groß geworden, dass du denkst, du wärst schwach und ängstlich, könntest nicht mehr zu deinem eigenen Mut zurück finden. Doch heute ist es möglich.]

Schließ deine Augen und entspanne dich vollkommen … … und Schritt für Schritt spürst du eine tiefer gehende Ruhe und Entspannung … … Mit jeder Sekunde tauchst du tiefer in deine Gedanken und Gefühle ein, in deine Fantasie und Kreativität … … denn dort existiert ein Land der besonderen Möglichkeiten und Chancen … … eine Welt, die nur in deinen eigenen Gefühlen und Stimmungen entstehen kann … … das Land der Träume, das in jedem Menschen liegt … … vielleicht als Fantasie … … doch Fantasie und Wirklichkeit liegen hier sehr nah beieinander … … Du gehst in das Land der Träume … …

Du schaust dich um und du erblickst ein riesiges Feld von Sonnenblumen … … Sie blühen wunderschön und leuchten kräftig gold-gelb … … als wären tausend kleine Sonnen an großen Stielen festgemacht … … Du gehst auf das Feld zu und denkst darüber nach, wie sehr du dir wünschst, ganz viel Mut finden zu können und dann festzuhalten … … Viele Dinge konnten dich schon ängstigen und immer wieder musstest du Mut finden oder irgendwie aufbringen, um durchzuhalten … … um dich schwierigen Situationen zu stellen … … oftmals ist es dir gelungen, doch manchmal hast du dich auch ganz schwach gefühlt und die Angst war so groß, dass du deinen Mut nicht mehr richtig spüren konntest … … vielleicht sogar das Gefühl hattest, dass du dich ganz mutlos schwierigen Situationen stellen musstest … … So kam es dann immer wieder dazu, dass du Konfrontationen und die Bewältigung von schwierigen Situationen eher als Überwindung erlebt hast, als Kampf gegen die eigenen Grenzen und gegen die eigene Angst … … dabei ist dir dann gar nicht aufgefallen, dass das ja auch Mut bedeutet … … Mutig ist nicht der, der ohne Angst ist, sondern derjenige, der trotz seiner Angst weiter macht … … So warst du häufig viel mutiger als du es selbst dachtest … … Dann hast du dir gewünscht, deinen Mut auch zu spüren, zu fühlen, dass du die Kraft des Überwindens hast … … Das soll heute möglich werden, denn nur deshalb gehst du zu dem Sonnenblumenfeld im Land der Träume … … Du kommst bei den Sonnenblumen an … … und schließlich gehst du durch das Feld, bahnst deinen Weg zwischen den großen Stielen hindurch … … und im Vorbeigehen wenden sich dir die goldgelben Blüten zu … … als beobachteten sie deinen Weg … … als drehten sie ihren Blick zu dir um dich zu begleiten und dir zu sagen, dass du auf dem richtigen Weg bist … … Plötzlich findest du eine silberne Kugel zwischen den Sonnenblumen … … deine Wunschtraumkugel … … Du nimmst sie in beide Hände und trägst sie durch das Feld … … Die Kugel ist sehr leicht, du kannst sie locker tragen, wenn du willst unter den Arm klemmen und wie einen Ball mit dir herum tragen … … Die Kugel ist hohl und im Innern leer … … Du selbst kannst sie befüllen … … mit deinem Mut und mit allem, was mutig sein für dich bedeuten kann … … und genau das findest du heute im Land der Träume in dem Feld der Sonnenblumen … … Du erblickst zwei goldene Kugeln, die auf der Erde liegen, groß wie Medizinbälle … … Du kommst zur ersten goldenen Kugel … … Das ist die Kugel deiner größten Kraft, deiner besonderen Fähigkeit … … In ihr findest du die Fähigkeit des Helfens … … So oft hast du anderen schon geholfen, hast dich um andere Menschen gekümmert … … mehr als um dich selbst …

… Wenn du jetzt einmal darüber nachdenkst, wie viel du schon geholfen hast in deinem Leben, dann fällt dir auch ein, dass es gut sein kann, diese Kraft des Helfens nun für dich selbst anzuwenden … … dir selbst ein Helfer/eine Helferin zu werden … … Du greifst mit beiden Händen in die goldene Kugel … … Du kannst einfach hinein greifen, deine Hände durchdringen die Wand der Kugel, die nur aus purem Licht besteht … … und aus der goldenen Kugel schöpfst du mit beiden Händen deine eigene Kraft des Helfens … … diese tiefe und starke Kraft, die in dir selbst liegt … … und du lässt sie in deine silberne Wunschtraumkugel fließen … … Die silberne Kugel füllt sich langsam mit deiner Helferkraft, sodass du jeden Tag daraus schöpfen kannst, um Mut zu finden und zu erleben … … deinen Mut … … So wird die silberne Kugel der Wünsche zur Kugel deines neuen Mutes … … Dann gehst du zur zweiten Kugel … … Dies ist die Kugel des Überwindens … … Du schaust hinein und kannst Bilder deiner Erinnerung sehen … … Erinnerungen, die dir zeigen, dass du schon viele Grenzen in deinem Leben überwunden hast … … äußere Grenzen vielleicht … … und sehr viele innere Grenzen … … innere Grenzen der Bedenken und des Zweifelns … … innere Grenzen der Furcht und Angst … … innere Grenzen alter Glaubenshaltungen zu dir selbst … … Doch es ist dir immer wieder gelungen, Grenzen zu überwinden … … also schöpfst du mit beiden Händen auch aus dieser goldenen Kugel des Überwindens deine eigene Überwindungskraft, die dir hilft, die Kugel des neuen Mutes stark werden zu lassen, denn Überwindung und Mut gehören zusammen … … mit beiden Händen lässt du deine eigene Kraft des Überwindens in die silberne Kugel fließen … … Die silberne Kugel füllt sich langsam mit deiner eigenen Überwindungskraft, sodass du jeden Tag daraus schöpfen kannst, um noch mehr Mut zu finden und zu erleben … … deinen Mut … … Dann klemmst du dir die silberne Mutkugel unter den Arm und gehst weiter zwischen den wunderschönen Sonnenblumen hindurch … … Du erreichst den Rand des Feldes … … Du gehst nach draußen und kommst zu einer riesigen Blumenwiese … … Du findest einen bequemen Platz, an dem du dich ausruhen kannst … … setzt dich einfach ins Gras und legst die silberne Kugel neben dich … … Dann schaust du in diese Kugel und wieder kannst du Bilder erkennen … … Bilder und Szenen … … Diesmal jedoch schaust du in die Zukunft … … siehst dich selbst in einer Situation, in der du deinen neuen Mut gebrauchen kannst … … Du siehst, dass du auch in den Bildern der Zukunft deine silberne Kugel mit dir trägst, wie ein Kraftreservoir, dass du immer nutzen kannst … … und es gelingt dir viel leichter als du dachtest, die Herausforderung anzunehmen … … Du beobachtest, wie stark und wie souverän du geworden bist mit Hilfe der silbernen Kugel … … und vielleicht beginnt diese Zukunft ja schon heute … … oder morgen … … oder du findest sie an jedem Tag deines Lebens für einen besonderen Moment … … Hier im Land der Träume entfaltet sich dein neuer Mut schon heute … … in diesem Augenblick … … und was hier möglich ist, ist auch in deinem wachen Alltag möglich, denn das Land der Träume ist ganz nah … … Dann denkst du darüber nach, dass das Land der Träume ganz tief in dir drin ist … … dort war es schon immer … … Ich erzähle dir nur davon … …

[Spüre mit einem tiefen Atemzug deinen Körper und verbinde dich mit dem Gefühl deines Körpers. Werde dir bewusst, dass deine wahren Gefühle tief in dir immer zu finden sind und dass dein Körper dir zeigen kann, wie du dich fühlst. Schenke also deinem Gefühl und deinem Körper jetzt Achtsamkeit und Zuwendung. In dieser Verbundenheit zu dir selbst stellst du dich langsam auf das Wachwerden ein. Du bereitest dich darauf vor, wieder aktiv und agil zu werden, dich wieder zu bewegen und in diesen Raum zurück zu kommen um wach zu sein. Mit einem der nächsten Atemzüge kommst du zurück in den Alltag, verbunden mit dir selbst. Atme tief ein und öffne deine Augen, wenn du soweit bist.]

Dein Mut für dich

Mut zulassen

[Mut stellt uns oftmals vor große Herausforderungen. Meistens denken wir, die größte Herausforderung bestünde darin, echten Mut überhaupt zu spüren oder aufbringen zu können. Doch auch sehr mutiges Handeln kann uns vor Herausforderungen stellen. Denn häufig sind es unsere eigenen Glaubenshaltungen, die uns Mut verbieten oder uns vor ihm warnen. Vielleicht weil wir glauben, dass unser Mut anderen schaden könnte oder aber uns selbst Schaden zufügen könnte. Mutig sein kann Konsequenzen haben und gerade das hält uns manchmal von unserem eigenen Mut ab.]

Schließ deine Augen und entspanne dich vollkommen … … und Schritt für Schritt spürst du eine tiefer gehende Ruhe und Entspannung … … Mit jeder Sekunde tauchst du tiefer in deine Gedanken und Gefühle ein, in deine Fantasie und Kreativität … … denn dort existiert ein Land der besonderen Möglichkeiten und Chancen … … eine Welt, die nur in deinen eigenen Gefühlen und Stimmungen entstehen kann … … das Land der Träume, das in jedem Menschen liegt … … vielleicht als Fantasie … … doch Fantasie und Wirklichkeit liegen hier sehr nah beieinander … … Du gehst in das Land der Träume … …

Du stehst vor einem Wald und entdeckst eine Plakatwand … … Sie steht am Eingang des Waldes wie ein Hinweisschild … … Also gehst du los, um den Wald zu erreichen, der im Land der Träume immer der Wald deiner eigenen Gedanken ist … … und jeder Baum des Waldes symbolisiert einen Gedanken von dir … … Alle deine Gedanken findest du in diesem Wald … … die alten Gedanken, die du kennst … … auch solche, die du schon vergessen hattest … … wieder andere, die dir nie bewusst geworden sind … … und selbst solche, die du erst noch denken wirst … … Du erreichst das Plakat … … Es ist verwaschen und alt … … abgetragen und zerfetzt vom Wind der Zeit … … Es zeigt ein Bild deines Mutes … … eine Situation von früher als du einmal sehr mutig warst und deinen Mut auch gespürt hast … … Du kannst es noch erkennen … … es zeigt dich selbst in einer Situation des Mutes … … dein Mutmoment … … vielleicht warst du da noch viel jünger als jetzt … … möglicherweise ist es sogar ein Bild aus Kindertagen, wer weiß … … und je genauer du hinsiehst, umso klarer wird das Bild auch wieder … … so als würde das abgetragene und verwaschene Bild wie in einem Zeitraffer restauriert, damit du es besser erkennen kannst … … Du kannst dich selbst deutlich erkennen und du erinnerst dich an damals … … erinnerst dich an den Mut, den du aufbringen konntest … … vielleicht auch an die weichen Knie und das Zittern danach … … doch eben auch an deinen eigenen Mut … … Mut, von dem du geglaubt hattest, er wäre verloren gegangen … … durch Rückschläge und Tiefschläge … … durch Niederlagen und Schicksalsschläge … … durch Belastungen und Krankheiten … … durch die Erschwernisse des Lebens, die du erlebt hast oder die dich immer noch begleiten … … Doch jetzt, da du das Bild betrachtest, spürst du auch wieder diesen früheren Mut … … und wenn du noch nicht ganz in dieses Gefühl rein kommst, dann ist es doch so, dass du schon wieder eine Erinnerung daran hast … … eine Überschrift dafür findest … … Dann richtest du deinen Blick in den Wald … … ein breiter Weg führt hinein und du gehst los … … Du folgst dem breiten Weg in den Wald deiner Gedanken … … und sehr schnell führt es dich tiefer und tiefer in den Wald und damit auch tiefer und tiefer in deine Gedanken hinein … … Du erblickst große und hohe Bäume, die sehr alt sind und damit die Gedanken repräsentieren, die du schon sehr lange hast … … Glaubenshaltungen und Überzeugungen, die dich schon sehr lange begleiten … … Andere Bäume sind kleiner und jünger, denn sie stehen für die Gedanken, die erst später entstanden sind, vielleicht vor einigen Jahren oder Monaten … … und wieder andere sind klein, wachsen erst empor und suchen den Weg zur Sonne … … Sie stehen für die jungen und neueren Gedanken, für diejenigen, die erst vor kurzem entstanden sind … … und die ganz kleinen Pflänzchen, die kleinen Triebe, die gerade erst aus dem Boden wachsen, symbolisieren die Gedanken, die gerade erst entstehen … … Und hier und da gibt es auch einen Baumstumpf, weil ein Gedanke schon beendet wurde, für immer beendet … … weil du Glaubenshaltungen verändert und alte Bäume gefällt hast … … und zwischen den Bäumen entdeckst du eine Schaufel … … Du verlässt den Weg und gehst zu der Schaufel … … hier scheint etwas vergraben … … Spontan nimmst du die Schaufel in die Hand und fängst an zu graben, ohne zu wissen, was du finden kannst, doch irgendetwas in dir sagt dir, du solltest hier und jetzt graben … … und plötzlich stößt du auf eine Truhe … … Du gräbst sie aus und stellst sie auf den Waldboden … … eine schwere alte Truhe, die aussieht wie eine Schatztruhe … … Sie ist verschlossen und mit drei dicken und stabilen Lederriemen zugebunden … … Du betrachtest die Truhe und es fällt dir auf, dass die Lederriemen Inschriften tragen … … der erste Lederriemen trägt die Inschrift „Niederlage“ … … Er hält die Truhe fest verschlossen … … Du erinnerst dich an die Niederlagen deines Lebens … … an Momente, in denen du dich schwach und klein gefühlt hast … … in denen du dich als Verlierer gefühlt hast … … Du löst den Riemen und legst ihn zur Seite … … Dann schaust du dir den zweiten Lederriemen an, der die Truhe immer noch fest verschlossen hält … … Auch auf diesem steht ein Wort … … Du erkennst das Wort „Misstrauen“ … … Du erinnerst dich daran, dass dich so manches Ereignis deines Lebens misstrauisch gemacht hat … … dass du viel Vertrauen verloren hast, weil du oft enttäuscht wurdest … … Du löst diesen Riemen und legst ihn zur Seite … … doch noch immer bleibt die Truhe verschlossen … … Auf dem dritten Lederriemen kannst du deinen Namen erkennen … … Dein Name steht dort und du denkst darüber nach, dass du dich in den letzten Monaten oder Jahren zurück gezogen hast, um nicht weiter enttäuscht zu werden … … Du löst auch diesen Riemen, auf dem dein eigener Name steht und legst ihn zur Seite … … und plötzlich öffnet sich die Truhe … … warmer Wind entströmt und ein Gefühl von Sicherheit und Geborgenheit strömt mit ihm aus der Truhe direkt in dein Herz hinein … … Dein Herz wird erfüllt von Wärme und Zuversicht … … von Kraft und Ruhe … … von Hoffnung und von ganz viel Mut … … Du lässt dieses warme und schöne Gefühl immer weiter in dein Herz strömen und lässt es ganz tief wirken … … Du erkennst, dass es die Niederlagen und das Misstrauen waren, die dazu geführt haben, dass du so unsicher geworden bist … … dass du deinen eigenen Mut nicht mehr nutzen konntest … … Doch jetzt fließt dein eigener Mut tief in dein Herz … … entfesselter Mut durchströmt dich und breitet sich in deinem ganzen Körper aus … … wofür auch immer du Mut brauchen kannst, du hast ihn wieder gefunden und tief in dir spürst du ihn … … Das Land der Träume hat den Mut für dich bewahrt … … und heute hast du ihn abgeholt … … um deinen Mut für dich zu nutzen … … dein Mut für dich … … dein Mut für dich … … Dann denkst du darüber nach, dass das Land der Träume ganz tief in dir drin ist … … dort war es schon immer … … Ich erzähle dir nur davon … …

[Spüre mit einem tiefen Atemzug deinen Körper und verbinde dich mit dem Gefühl deines Körpers. Werde dir bewusst, dass deine wahren Gefühle tief in dir immer zu finden sind und dass dein Körper dir zeigen kann, wie du dich fühlst. Schenke also deinem Gefühl und deinem Körper jetzt Achtsamkeit und Zuwendung. In dieser Verbundenheit zu dir selbst stellst du dich langsam auf das Wachwerden ein. Du bereitest dich darauf vor, wieder aktiv und agil zu werden, dich wieder zu bewegen und in diesen Raum zurück zu kommen um wach zu sein. Mit einem der nächsten Atemzüge kommst du zurück in den Alltag, verbunden mit dir selbst. Atme tief ein und öffne deine Augen, wenn du soweit bist.]

Vergessener Mut

Früheren Mut aktivieren

[Mut ist nicht das, wofür wir ihn oft halten. Es ist nicht die Eigenschaft des Starken und Unerschrockenen. Wer nichts befürchtet, braucht überhaupt keinen Mut. Mut ist also genau genommen die Stärke des Ängstlichen, sich trotz und mit seiner Angst den Herausforderungen des Lebens zu stellen. Mut ist nicht das Gegenteil der Angst, sondern die Kraft, mit ihr umzugehen. Du warst schon oft in deinem Leben mutig und es kommt darauf an, dass du dir heute wieder klar machst, dass du Mut hattest und Mut immer noch hast. Du kannst ihn wieder finden und dann für dich nutzen.]

Schließ deine Augen und entspanne dich vollkommen … … und Schritt für Schritt spürst du eine tiefer gehende Ruhe und Entspannung … … Mit jeder Sekunde tauchst du tiefer in deine Gedanken und Gefühle ein, in deine Fantasie und Kreativität … … denn dort existiert ein Land der besonderen Möglichkeiten und Chancen … … eine Welt, die nur in deinen eigenen Gefühlen und Stimmungen entstehen kann … … das Land der Träume, das in jedem Menschen liegt … … vielleicht als Fantasie … … doch Fantasie und Wirklichkeit liegen hier sehr nah beieinander … … Du gehst in das Land der Träume … …

Du stehst auf steinernem Boden, hoch oben am Rand eines Tales, das sich vor dir in die Erde gräbt … … Du schaust nach unten in das breite Tal, das im Nebel liegt … … So sehr du dich auch darum bemühst, kannst du doch nicht bis ganz hinunter blicken … … kannst nicht erkennen, was sich genau in dem tiefen breiten Tal befindet … … Du schaust also nach oben in den Himmel, der sich über dem Traumland ausbreitet … … ein weiter, offener und hellblauer Himmel, der die wärmenden Sonnestrahlen bis ins Tal hinunter schickt, damit sich der Neben langsam auflösen kann … … und in der Weite des Himmels erkennst du die unendliche Weite deiner eigenen inneren Welt … … deiner Chancen und Möglichkeiten … … Du fühlst dich entkräftet und entmutigt, hast den Mut in den Anstrengungen des Lebens manchmal verloren … … oder scheinbar verloren, denn irgendwie ist es dir dann doch immer wieder einmal gelungen, Mut zu finden … … vielleicht hast du auch oft das Gefühl gehabt, ohne Mut weiter machen zu müssen, weil du keine andere Wahl hattest … … Heute denkst du darüber nach, dass vielleicht gerade dieses Weitermachen der eigentliche Mut ist … … auch und gerade wenn es dir so unglaublich schwer fällt, durchzuhalten und weiter nach vorne zu gehen … … Du überlegst, wann du zum letzten Mal so richtig das Gefühl hattest mutig gewesen zu sein … … wann du zum letzten Mal wirklich Mut gespürt hast, der sich dann auch so angefühlt hat … … Vielleicht fällt es dir wieder ein, doch vielleicht ist es auch so, dass du glaubst, niemals oder eben schon ewig nicht mehr richtig mutig gewesen zu sein … … als wäre es so lange her, dass du dich einfach nicht mehr erinnern kannst … … als läge dein Mut irgendwo da unten im Tal im Nebel, den du nicht durchdringen kannst … … und so wie ein Wanderer möglicherweise abwarten würde, bis der Nebel sich lichtet, hast dann auch du oft gewartet bis du das Gefühl des Mutes noch einmal ausreichend spüren kannst … … Heute soll der Tag sein, an dem du deinen Mut wieder findest … … nicht etwa den, der irgendwo auf dich wartet und noch entstehen kann … … nein … … Du findest heute den Mut, den du schon hast … … der dir schon geholfen hat, auch wenn du dich jetzt kaum noch daran erinnern kannst … … oder einfach nicht mehr daran glaubst, dass er noch einmal aufflammen kann … … Du drehst dich also um … … Du blickst zurück und bemerkst, dass du auf einer riesigen grünen Wiese stehst … … doch es gibt keine anderen Pflanzen hier, nur sattes, grünes Gras … … und überall auf dieser Wiese stehen große Spiegel … … hunderte von Spiegeln kannst du erblicken, soweit dein Auge reicht … … Spiegel der Erinnerung … … Du gehst also los, Schritt für Schritt quer über die Wiese … … es gibt hier keinen Weg, keinen Pfad … … keine Leitlinie und kein Leitfaden … … Du musst also nach Gefühl gehen … … doch was könnte sicherer sein im Land der Träume als einfach dem eigenen Gefühl zu folgen? … … Vielleicht hast du in deinem Alltag auch manchmal die Erfahrung gemacht, dass das eigene Gefühl trügerisch war und dich in die Irre geführt hat … … Hier im Land der Träume kann das nicht passieren … … Hier findest du immer den richtigen Weg, wenn du auf dein Gefühl achtest … … Das wäre auch im wachen Alltag so, wenn wir nur in der Lage wären, unser wirkliches und wahres Gefühl zu spüren und ihm zu folgen … … Doch oftmals glauben wir, ein Gedanke oder eine Einschätzung unseres Verstandes wäre eines unserer Gefühle … … Doch unser Verstand lässt sich täuschen und in die Irre führen … … Er lässt sich täuschen von den Meinungen und Einschätzungen anderer Menschen, die uns begegnen oder begleiten … … Du gehst also heute nach deinem eigenen Gefühl über die Wiese und entdeckst einen Spiegel der größer ist als die anderen … … Dort gehst du hin, denn das ist der Spiegel des heutigen Tages … … Du kommst immer näher … … Dieser Spiegel zeigt dir deinen einstigen Mut … … Mut, den du hattest und immer noch hast, denn nichts kann im Land der Träume verloren gehen … … nichts kann im Land der Träume verloren gehen … … Du stehst vor dem Spiegel und schaust hinein … … und wenn du gleich noch näher heran gehst, dann siehst du ein Bild deines Mutes, eine Situation, in der du so richtig viel Mut spüren konntest … … vielleicht erst nach der Situation, weil du danach erst darüber nachgedacht hast … … Es war dieser besondere Tag, diese ganz besondere Situation, in der du mehr Mut hattest als du selbst je geglaubt hättest … … Du gehst näher und schaust in den Spiegel und siehst diese Situation des großen Mutes jetzt … … genau jetzt … … Lass dieses Bild oder diese Szene auf dich wirken … … Schau dir in Ruhe noch einmal an wie das damals war … … und fühle noch einmal diesen Mut tief in dir … … Er ist noch da … … Wenn du dich jetzt auf das Bild konzentrierst, kannst du ihn wieder spüren und ganz tief in dir wirken lassen … … und selbst wenn du überhaupt kein Bild erkennen solltest, dein mut ist hier … … Dein Mut ist wirklich hier … … Leg dann einfach beide Hände gegen die Spiegelfläche und nimm das Gefühl wahr … … Stell dir vor, dass der Mut über deinen Handflächen in deinen Körper fließt und sich in dir ausbreitet … … Mehr brauchst du nicht zu tun, sei einfach hier … … Sei einfach hier in deinem Mut … … *[Warten Sie ca. 10 Sekunden, dann lesen Sie weiter!]* … … Dann läufst du zurück zum Rand des Tales um noch einmal in die Tiefe zu blicken … … Der Nebel ist verschwunden, du kannst bis ganz nach unten blicken … … ein wunderschönes Tal breitet sich vor dir aus … … mit blühenden Bäumen und mit fruchtbaren Äckern … … Du atmest tief ein uns aus und spürst deine eigene Kraft … … die Kraft deines Mutes … … die tiefe Kraft deines eigenen Mutes … … Du hast deinen Mut im land der Träume wieder gefunden … … und vielleicht denkst du, es wäre schön, wenn das auch in deinem wachen Alltag so sein darf … … Dann fällt dir ein, dass das genauso möglich ist, denn das Land der Träume ist tief in dir drin ist … … dort war es schon immer … … Ich erzähle dir nur davon … …

[Spüre mit einem tiefen Atemzug deinen Körper und verbinde dich mit dem Gefühl deines Körpers. Werde dir bewusst, dass deine wahren Gefühle tief in dir immer zu finden sind und dass dein Körper dir zeigen kann, wie du dich fühlst. Schenke also deinem Gefühl und deinem Körper jetzt Achtsamkeit und Zuwendung. In dieser Verbundenheit zu dir selbst stellst du dich langsam auf das Wachwerden ein. Du bereitest dich darauf vor, wieder aktiv und agil zu werden, dich wieder zu bewegen und in diesen Raum zurück zu kommen um wach zu sein. Mit einem der nächsten Atemzüge kommst du zurück in den Alltag, verbunden mit dir selbst. Atme tief ein und öffne deine Augen, wenn du soweit bist.]

Sonnenaufgang

Hoffnung spüren

[Wenn wir verzweifelt sind, erkennen wir manchmal unsere eigene Situation nicht mehr. Wir verbeißen uns in Unheilsgedanken, konzentrieren uns nur noch auf die Verzweiflung und erleben alles aus ausweglos. Doch es kann uns auch wieder gelingen, den Blick zu heben und nach vorne zu schauen. Dann erkennen wir möglicherweise schneller als wir dachten, dass die Lage nicht so ausweglos ist wie wir uns eingeredet haben. Wir finden neue Ansatzpunkte, neue Hoffnung und neuen Mut und packen die Dinge wieder an. Du willst wieder anpacken und nach vorne gehen.]

Schließ deine Augen und entspanne dich vollkommen … … und Schritt für Schritt spürst du eine tiefer gehende Ruhe und Entspannung … … Mit jeder Sekunde tauchst du tiefer in deine Gedanken und Gefühle ein, in deine Fantasie und Kreativität … … denn dort existiert ein Land der besonderen Möglichkeiten und Chancen … … eine Welt, die nur in deinen eigenen Gefühlen und Stimmungen entstehen kann … … das Land der Träume, das in jedem Menschen liegt … … vielleicht als Fantasie … … doch Fantasie und Wirklichkeit liegen hier sehr nah beieinander … … Du gehst in das Land der Träume … …

Du stehst tief im Wald und alles ist sehr dunkel im Land der Träume … … Du kannst den Weg, auf dem du stehst, gerade noch erkennen … … Es scheint Abend zu sein, denn die Sonne steht sehr tief … … Der Himmel ist dunkelrot, so wie es bei einem Sonnenuntergang aussieht … … Du gehst durch den Wald, ohne zu wissen, wohin dein Weg dich eigentlich führen soll … … Im Land der Träume kann dir nichts passieren, hier führen alle Wege immer zu dir … … Du folgst also dem breiten Weg durch den Wald und plötzlich kommen alle Gedanken der letzten Zeit wieder … … Gedanken der Verzweiflung und der Hoffnungslosigkeit … … Du kennst solche Gedanken, denn du fühlst dich immer wieder verlassen und ohne Kraft … … denkst dann, du schaffst das alles nicht mehr, wirst von der Last des Alltages erdrückt … … oder von der Last des Lebens, das dir viele Erschwernisse und Probleme gebracht hat … … Dann ist es oft so wie in diesem Wald … … Es wird immer dunkler und trüber um dich herum und du bewegst dich nur noch mechanisch nach vorne … … machst irgendwie weiter … … Zug um Zug oder Schritt für Schritt … … Dann erblickst du am Wegesrand eine kleine weiße Kerze und eine Schachtel mit Streichhölzern … … Du nimmst die Kerze in die Hand und zündest sie mit einem Streichholz an … … Eine kleine Flamme züngelt nach oben und suchst Sauerstoff zum

Brennen… … Du gehst weiter und benutzt die kleine Kerze mit der weißen kleinen Flamme als Licht, damit du den Weg besser erkennen kannst während du auf die Dunkelheit wartest … … Wind kommt auf und fegt durch den Wald … … die Bäume schützen dich, doch der Wind bläst auch zwischen ihnen hindurch … … Die Kerze flackert und damit sie nicht erlischt, hältst du eine Hand schützend vor die Kerze … … Du gehst weiter und hast dabei das Gefühl, dass du dich oftmals selbst wie diese Kerze gefühlt hast … … klein und dem Wind ausgeliefert, der sich dann anfühlt wie ein Sturm, der über dich hinweg fegt … … Oftmals hast du dir auch gewünscht, es wäre jemand da gewesen, der seine schützende Hand über dich gehalten hätte … … jemand, der dir geholfen hätte, der den Sturm abgehalten oder abgewehrt hätte, damit deine Kraft wieder aufkommen und weiter brennen kann … … wie die Flamme der Kerze, die im Schutz deiner eigenen Hand weiter brennen darf … … Dann findest du einen Unterstand … … eine kleine Hütte im Wald … … Du gehst näher heran und bemerkst, dass es nur ein Dach ist … … eine Futterkrippe hier im Wald … … und du beschließt, unter dem Dach der Futterkrippe Schutz zu suchen für die hereinbrechende Nacht … … Du kauerst dich also zusammen, damit es wärmer ist und damit die Kerze im Schutz deines Körpers weiter brennen kann …

… so hast du ein Licht für die Nacht … … Du hast dich im Wald versteckt, im Schutz der Krippe … … um auszuharren bis wieder heller Tag sein wird … … bis wieder das Licht der Sonne dich wärmt und dir Lebenskraft und Hoffnung schenkt … … Du denkst darüber nach, dass du Hoffnung suchst, weil du sie dringend brauchst … … weil Hoffnung dich weiter tragen kann … … tragen wie du die Kerze trägst … … Du wartest auf die Sonne, doch zunächst hast du dich darauf eingestellt, dass es dunkler wird … … dass der Sonnenuntergang das Licht vertreibt und nur die kleine Kerze bleibt, um Licht zu finden und vielleicht etwas Wärme zu spüren … … Dann schaust du nach oben, blickst durch die Baumkronen hindurch um zu sehen, ob der Mond zu erkennen ist … … Doch er ist nicht da … … Durch eine kleine Öffnung in der Wolkendecke kannst du den blauen Himmel erkennen … … Du fragst dich, warum der Himmel im Sonnenuntergang noch blau sein kann und suchst mit deinem Blick die Sonne … … Dann fällt dir auf, dass die Sonne etwas höher steht … … Sie färbt den Himmel noch immer dunkelrot, doch sie steht höher als vorher … … Dann wird es dir klar … … Es ist keine unter gehende Sonne, die du erblickst, sondern ein Sonnenaufgang … … Im Stress der Zeit, in den Belastungen des Lebens und im ermüdenden Kampf um Licht und Wärme hast du die Zeit vergessen

… … Die Sonne geht gerade auf, denn es wird heller und heller … … Der Himmel wird langsam hellrot und du spürst auch schon, dass es wärmer wird … … Du kommst also aus dem Versteck heraus und schüttelst dich kräftig … … Du stellst die kleine Kerze auf den Boden … … und du gehst ohne die Kerze weiter … … Du kannst alles jetzt recht gut erkennen, denn es wird heller … … Die Kerze lässt du stehen, denn vielleicht braucht ein anderer noch ihre Hilfe … … ihr Licht und ihre Wärme … … Du läufst der Sonne entgegen und kommst zum Waldrand … … Dann läufst du nach draußen … … immer schneller läufst du der aufgehenden Sonne entgegen … … Du überlegst, dass auch dein Gefühl der Hoffnung vielleicht wie die aufgehende Sonne sein kann … … Du dachtest schon, dass du sie ganz verlieren würdest und alles nur noch dunkel wäre, doch es kann anders sein … … Das Land der Träume zeigt dir, was wirklich möglich ist … … Die aufgehende Sonne ist wie deine Hoffnung … … denn auch deine Hoffnung und Zuversicht gehen wieder auf wie die Sonne … … vielleicht spürst du das jetzt schon tief in dir … … oder du spürst es etwas später und es wird dann zu deinem deutlichen Gefühl … … heute oder morgen … … oder an jedem Tag deines Lebens für einen ganz besonderen Moment … … Dann denkst du noch einmal darüber nach, dass das Land der Träume ganz tief in dir drin ist

… … dort war es schon immer … … Ich erzähle dir nur davon … …

[Spüre mit einem tiefen Atemzug deinen Körper und verbinde dich mit dem Gefühl deines Körpers. Werde dir bewusst, dass deine wahren Gefühle tief in dir immer zu finden sind und dass dein Körper dir zeigen kann, wie du dich fühlst. Schenke also deinem Gefühl und deinem Körper jetzt Achtsamkeit und Zuwendung. In dieser Verbundenheit zu dir selbst stellst du dich langsam auf das Wachwerden ein. Du bereitest dich darauf vor, wieder aktiv und agil zu werden, dich wieder zu bewegen und in diesen Raum zurück zu kommen um wach zu sein. Mit einem der nächsten Atemzüge kommst du zurück in den Alltag, verbunden mit dir selbst. Atme tief ein und öffne deine Augen, wenn du soweit bist.]

Zeit läuft niemals ab

Hoffnung erhalten

> *[Wie oft glauben wir doch, es wäre bereits zu spät, um etwas Bestimmtes zu tun oder zu verändern. Wir halten uns für zu alt, Neues zu lernen oder Lebenswege zu drehen. Wir glauben, dass unsere Zeit nicht mehr ausreicht, um ein Ziel zu erreichen. Und mit diesem Zaudern und Zögern lassen wir weitere Zeit vergehen, die wir vielleicht für die ersten Schritte hätten nutzen können. Meistens ist es nicht die Zeit, die fehlt. Meistens ist es die Hoffnung, die unser Vorhaben kleiner macht. Die Hoffnung, die selbst so klein ist, weil wir sie nicht frei entfalten. Doch Hoffnung ist wie Zeit und Zeit läuft niemals ab.*

Schließ deine Augen und entspanne dich vollkommen … … und Schritt für Schritt spürst du eine tiefer gehende Ruhe und Entspannung … … Mit jeder Sekunde tauchst du tiefer in deine Gedanken und Gefühle ein, in deine Fantasie und Kreativität … … denn dort existiert ein Land der besonderen Möglichkeiten und Chancen … … eine Welt, die nur in deinen eigenen Gefühlen und Stimmungen entstehen kann … … das Land der Träume, das in jedem Menschen liegt … … vielleicht als Fantasie … … doch Fantasie und Wirklichkeit liegen hier sehr nah beieinander … … Du gehst in das Land der Träume … …

Du stehst in einem verwilderten Garten, der so aussieht, als wäre lange niemand hier gewesen … … niemand, der sich um den Garten kümmert … … niemand, der Ordnung schafft … … und niemand, der nach dem Rechten sieht … … Dornen und Gestrüpp wuchern über die Beete und über die Rasenflächen, die einst sehr prächtig und einladend waren … … und wunderschön anzusehen … … Doch auch heute ist es so, dass von diesem verwilderten Garten eine besondere Magie ausgeht … … eine Anziehungskraft … … Die einstige Schönheit und die Farbenpracht, der Duft und das Leuchten der blühenden Pflanzen sind hinter einem Schleier aus Verwachsungen und Verwucherungen immer noch zu erahnen … … Du entdeckst einen schmalen Pfad, der durch diesen Garten führt … … halb zugewachsen, doch immer noch gut zu erkennen … … und du folgst diesem Pfad, der sich durch den Garten windet … … ein Garten, der früher ein Ziergarten war und im Laufe der Zeit zu einem Irrgarten geworden ist … … Dein Weg führt dich an alten Bäumen vorbei, die hier und da frische Blüten tragen … … nur einige, die darauf warten, zu einer strahlenden Frucht zu werden … … Du findest Leben in diesem alten Garten und je deutlicher du hinschaust und je näher du den einzelnen Pflanzen kommst, umso mehr kannst du erkennen, dass auch an den alten und knorrigen Bäumen und Sträuchern neue

Knospen ans Licht treiben … … Blüten aufgehen und sich der Sonne entgegen strecken … … Es ist Leben in diesem Garten … … ein Garten der Zeit … … der Garten deiner eigenen Zeit … … Du denkst darüber nach, dass du manchmal die Hoffnung verloren hast … … an manchen Tagen und vielleicht auch viele Tage lang warst du schon ohne Hoffnung … … hast die Verzweiflung gespürt und die Angst erlebt, dass die Dinge sich nicht mehr wenden … … dass du verharren müsstest … … oder auf ewig kämpfen müsstest, um das Gefühl des Fortschritts und der Entwicklung noch zu erleben … … um Befreiung von den Lasten des Lebens zu finden und ein befreites Leben zu leben … … Oftmals hast du dich so gefühlt wie dieser alte Garten … … scheinbar erlegen im Wind der Zeit … … innerlich brach liegend … … und dabei zusehend, wie deine Träume und Ziele durch wucherndes Wachsen der Anforderungen scheinbar verschwinden … … als wäre Gras darüber gewachsen … … und manchmal kommt es dir so vor als könntest du das nicht aufhalten … … als würde auch die Hoffnung dich verlassen oder du sie loslassen, weil es zu anstrengend wird, sie so lange festzuhalten … … Doch dann wiederum hast du immer wieder einen Pfad gefunden, auf dem du gehen konntest, so wie hier im Garten der Zeit … … im Land deiner Träume … … Dann kommst du zu einer kleinen Hütte ...

… Die Tür steht offen und über der Tür hängt ein Schild, auf dem steht „Zeit der Hoffnung“ … … Du gehst hinein … … Es ist eine alte kleine Holzhütte … … ein alter Tisch mit hölzernen Stühlen steht in der Hütte … … Es sieht aus als wäre auch hier schon lange niemand mehr gewesen, denn alles ist mit Staub bedeckt … … und auf dem Tisch steht eine große Sanduhr … … Der feine Sand rieselt unaufhörlich und die obere Kammer der Uhr ist fast schon leer … … die letzten Sandkörner rieseln schon in den unteren Teil der Sanduhr … … die Zeit läuft ab … … die Zeit der Hoffnung läuft ab … … sie scheint aufgebraucht und unaufhörlich zu entrinnen … … so wie deine eigene Hoffnung immer mehr der Verzweiflung weicht … … Doch du bist nicht hier im Land der Träume, um tatenlos zuzusehen wie Zeit verrinnt und Hoffnung vergeht, denn hier kann alles anders sein … … Hier ist alles leichter als im wachen Alltag und doch so ähnlich … … Du spürst tief in dir die Verzweiflung und das Schwinden deines Mutes und deiner Hoffnung, weil du oft geglaubt hast, dass deine Situation sich nicht mehr ändern würde … … Es fühlt sich an wie die ablaufende Sanduhr … … Du machst also im Garten der Zeit, im Land der Träume, etwas ganz einfaches … … Du drehst die Sanduhr um, stellst sie auf den Kopf … … und gleichzeitig spürst du tief in dich hinein, tief in dein Bauchgefühl … … Dort spürst du einen Funken Hoffnung … … ganz tief innen … … ganz tief … … und mit dem Drehen der Sanduhr wird dieses Gefühl der Hoffnung immer stärker … … und wird zu einem Gefühl der Zuversicht … … Das Drehen der Uhr ermöglicht dir hier in der Fantasie neue Hoffnung zu spüren … … Doch nicht nur hier … … Du überlegst dir, dass es vielleicht in deinem wachen Leben genauso möglich sein kann, etwas zu drehen oder umzudrehen, um wieder Hoffnung und Zuversicht zu spüren … … vielleicht deinen Blick drehen … … vielleicht deine Perspektive drehen wie eine Sanduhr … … Du gehst nach draußen … … Du hast Zeit gewonnen … … Draußen vor der Hütte findest du Hacken und Spaten, eine Heckenschere … … Du fängst an den Garten zu reinigen … … Du schneidest das Gestrüpp und die wuchernden Äste der Bäume … … Du schaffst wieder Platz im Garten der Zeit … … In der Welt deiner Fantasie und Kreativität nutzt du die frei gewordene Zeit, die gewonnene Zeit, um den Garten zu befreien und zur neuen Blüte zu bringen … … Du hilfst den Knospen und Blüten, sich zu befreien und der Sonne entgegen zu blicken, um zu wachsen und zu reifen Früchten zu werden … … Im wachen Alltag müsste es genau so gehen … … einfach Zeit gewinnen … … Zeit der Hoffnung … … geht das nur hier im Land der Träume so einfach? … … Vielleicht … … Doch das Land der Träume ist ganz tief in dir drin ist … … dort war es schon immer … … Ich erzähle dir nur davon … …

[Spüre mit einem tiefen Atemzug deinen Körper und verbinde dich mit dem Gefühl deines Körpers. Werde dir bewusst, dass deine wahren Gefühle tief in dir immer zu finden sind und dass dein Körper dir zeigen kann, wie du dich fühlst. Schenke also deinem Gefühl und deinem Körper jetzt Achtsamkeit und Zuwendung. In dieser Verbundenheit zu dir selbst stellst du dich langsam auf das Wachwerden ein. Du bereitest dich darauf vor, wieder aktiv und agil zu werden, dich wieder zu bewegen und in diesen Raum zurück zu kommen um wach zu sein. Mit einem der nächsten Atemzüge kommst du zurück in den Alltag, verbunden mit dir selbst. Atme tief ein und öffne deine Augen, wenn du soweit bist.]

Du und Du

Mut zur Konfrontation/Konfliktlösung

> *[Mut ist das, was wir der Angst entgegen setzen können. Es wäre oft schön, wenn wir weniger Angst hätten, denn dann bräuchten wir nicht so viel Mut, könnten einfach die Dinge locker angehen. Gerade im Fall von Konflikten und Streit brauchen wir Mut zur Konfrontation. Ein gewisses Ausmaß an Furcht oder Unbehagen ist da oftmals normal. Ebenso normal ist es, dass wir Mut aufbringen, bündeln und nutzen können. Es hilft uns, wenn wir wissen, was uns innerlich blockiert und aufhält, was oder wer unseren Mut zurückhält. Glaubenshaltungen, schlechtes Gewissen, Rücksichtnahme auf andere? Du kannst heute eine wichtige Blockade lösen.]*

Schließ deine Augen und entspanne dich vollkommen … … und Schritt für Schritt spürst du eine tiefer gehende Ruhe und Entspannung … … Mit jeder Sekunde tauchst du tiefer in deine Gedanken und Gefühle ein, in deine Fantasie und Kreativität … … denn dort existiert ein Land der besonderen Möglichkeiten und Chancen … … eine Welt, die nur in deinen eigenen Gefühlen und Stimmungen entstehen kann … … das Land der Träume, das in jedem Menschen liegt … … vielleicht als Fantasie … … doch Fantasie und Wirk-

lichkeit liegen hier sehr nah beieinander … … Du gehst in das Land der Träume … …
Du stehst auf einem steinigen, holprigen Weg … … Du gehst los, denn du hast das Gefühl, das es etwas zu erledigen gibt … … etwas, das du selbst unbedingt erledigen willst, doch bislang hattest du noch nicht den Mut dazu … … heute kann es anders werden, denn heute bist du im Land der Träume und hier kannst du alles erreichen, was du denken kannst … … alles, was du dir irgendwie vorstellen kannst … … Es geht um die Vorstellung der Konfrontation … … es gibt diesen Konflikt mit einer bestimmten Person *(direkt ansprechen, wer das ist … … mit deinem Kollegen, deiner Mutter etc.)* … … und es ist dir bisher schwer gefallen, gerade diese Person zu konfrontieren, um Lösungen für euren Streit oder euren Konflikt zu finden … … Vielleicht gibt es auch gar nichts zu lösen … … vielleicht willst du dich abgrenzen und klar stellen, wo und wie dein eigener Standpunkt ist, um eine Grenzüberschreitung endlich zu beenden … … Möglicherweise hast du auch einen ganz bestimmten Plan, eine ganz bestimmte Vorstellung davon, was du dort eigentlich tun und erledigen willst … … und genau darauf bereitest du dich heute vor … … Dein Weg führt bergauf und es ist tatsächlich ein sehr steiniger Weg … … Du schaust auf den Boden vor dir, um Steine und Hindernisse auf der Straße rechtzeitig zu erken-

nen … … Das Geröll der Steine und die Löcher in der Straße lassen dich kleine Umwege gehen … … immer wieder machst du einen Schritt zur Seite, um ein Hindernis zu umgehen und nicht zu stolpern … … Gestolpert bist du in der Vergangenheit einige Male, das hat dich vorsichtig gemacht … … und oftmals auch nachsichtig und nachgiebig … … Doch das willst du ändern … … Du hast die Vorstellung, die anstehende Konfrontation schaffen zu können … … Doch vielleicht sagt dir dein Verstand, dass du dir das eigentlich gar nicht vorstellen kannst … … Doch wenn du einmal genau darüber nachdenkst, dann ist es doch so, dass wir uns ein mögliches Scheitern eines Vorhabens nur dann vorstellen können, wenn wir gleichzeitig eine ziemlich genaue Vorstellung davon haben, wie es in unserem Wunsch laufen sollte … … Also kannst du dir eben doch vorstellen, wie das ist, die Konfrontation zu finden und auszutragen … … Du kannst es dir sogar sehr gut und sehr genau vorstellen … … ja, das kannst du … … In der Vergangenheit fehlte nur noch der Mut dazu … … Der holprige Weg und das Beobachten deiner eigenen Schritte haben dich oft davon abgehalten, deinen eigenen Mut und dein Potenzial zu nutzen, um den Konflikt zu bereinigen … … um dich und deinen Standpunkt zu vertreten und dich durchzusetzen … … Du gehst weiter auf deinem Weg, doch du hebst deinen Blick … … Du gehst einfach weiter, ohne auf den Boden zu sehen, denn das brauchst du nicht … … Du gehst weiter und schaust nach vorne … … Dabei fällt dir auf, dass dein Weg längst nicht mehr nach oben geht, er ist gar nicht so anstrengend wie du dachtest … … Dann bleibst du stehen und schaust mit den Augen deinen Weg an, diese Straße, auf der du gehst … … Die Landschaft um dich herum ist flach und es fällt dir auf, dass diese Straße durch eine Blumenwiese führt … … Du verfolgst ihren Verlauf mit den Augen und bemerkst, dass es eine riesige Kreisbahn ist … … Du bist mit dem Blick nach unten im Kreis gelaufen, nicht wirklich nach vorne gekommen, nicht voran gekommen … … obwohl du immer weiter gegangen bist … … Und in der Mitte der Kreisbahn steht eine Gestalt … … Sie ist in ein dunkles Gewand gehüllt, verbirgt ihr Gesicht im Schatten einer Kapuze … … Du verlässt den eingetretenen Weg und gehst zur Mitte des Kreises, denn du hast das Gefühl, dass *er/sie* dort auf dich wartet … … Du kommst bei der Gestalt an, die dich mit *seiner/ihrer* Stimme begrüßt … … Du erkennst ganz klar und deutlich die Stimme … … *[bitte die betreffende Person einfügen … deines Kollegen, deiner Mutter …]* … … Das ist deine Gelegenheit … … Hier im Land der Träume folgt alles deiner eigenen Bestimmung und deiner eigenen Kraft … … Also gelingt es dir hier, die Konfrontation zu ertragen … … Du stellst *ihn/sie* zur

Rede … … Du sagst jetzt all das, was du schon so lange sagen willst … … Die Gestalt mit dem dunklen Gewand und der hochgezogenen Kapuze ist regungslos und hört zu … … Du sagst, was du sagen willst … … Du ziehst Grenzen und bestimmst Regeln, wenn du das willst oder so brauchst … … Du sagst der Gestalt, dass sie dich nicht mehr aufhalten wird … … dass du keine Angst mehr zulässt, sondern frei sein willst, um für dich selbst einzutreten und dein Leben selbstbestimmt zu gestalten … … Dunkle Gewänder und in Schatten gehüllte Gesichter können dich nicht mehr aufhalten … … Die Gestalt vor dir nickt und stimmt dir damit zu … … Dann schiebt sie die Kapuze zurück, um ihr Gesicht zu zeigen … … Überrascht schaust du die Gestalt an, denn du schaust in dein eigenes Gesicht … … Du stehst vor dir selbst … … doch gleichzeitig wird dir klar, dass auch diese bislang verhüllte Gestalt, die du selbst bist, dich gebremst und gehindert hat … … Es ist der Teil von dir, der Angst hatte … … der Teil, der das Stolpern und Scheitern zu verhindern suchte … … ein Teil, der oft auf dich aufgepasst hat, doch auch verhindert hat, dass du die Konfrontation mit den Menschen findest, mit denen du etwas zu klären hast … … Du verstehst in diesem Moment, dass du jede Konfrontation genau so erledigen kannst wie hier und heute im Land der Träume, indem du die eingetretenen Pfade verlässt und deine eigenen Widerstände konfrontierst … … So wie heute kannst du die eigenen Grenzen und Hindernisse konfrontieren und damit beseitigen und dann die Auseinandersetzung im Alltag finden und erledigen … … Hier im Land der Träume ist es ganz leicht, doch es ist immer leicht, wenn du im Land der Träume bist … … ein Teil von dir ist immer dort, denn das Land der Träume ganz tief in dir drin ist … … dort war es schon immer … … Ich erzähle dir nur davon … …

[Spüre mit einem tiefen Atemzug deinen Körper und verbinde dich mit dem Gefühl deines Körpers. Werde dir bewusst, dass deine wahren Gefühle tief in dir immer zu finden sind und dass dein Körper dir zeigen kann, wie du dich fühlst. Schenke also deinem Gefühl und deinem Körper jetzt Achtsamkeit und Zuwendung. In dieser Verbundenheit zu dir selbst stellst du dich langsam auf das Wachwerden ein. Du bereitest dich darauf vor, wieder aktiv und agil zu werden, dich wieder zu bewegen und in diesen Raum zurück zu kommen um wach zu sein. Mit einem der nächsten Atemzüge kommst du zurück in den Alltag, verbunden mit dir selbst. Atme tief ein und öffne deine Augen, wenn du soweit bist.]

Ein Koffer voller Mut

Mut zur Selbstpräsentation (Vorträge, Bewerbung)

[Selbstzweifel sind menschlich. Und wenn wir sie in einem gewissen Ausmaß empfinden, dann macht uns das aufmerksam und selbstkritisch, hilft uns sogar dabei, zu lernen und zu wachsen. Doch irgendwann wurden deine Selbstzweifel immer größer bis sie schließlich so große geworden sind, dass du unter ihnen gelitten hast. Dann ist langsam Lampenfieber entstanden und ein voraus eilendes Selbsturteil, nicht mehr genug zu sein. Doch du willst dich nicht verkriechen, kannst es auch gar nicht. Du willst dich zeigen, dich selbst und dein Angebot präsentieren. Dabei sollen dir Mut und Selbstvertrauen helfen. Beide willst du heute wieder finden.]

Schließ deine Augen und entspanne dich vollkommen … … und Schritt für Schritt spürst du eine tiefer gehende Ruhe und Entspannung … … Mit jeder Sekunde tauchst du tiefer in deine Gedanken und Gefühle ein, in deine Fantasie und Kreativität … … denn dort existiert ein Land der besonderen Möglichkeiten und Chancen … … eine Welt, die nur in deinen eigenen Gefühlen und Stimmungen entstehen kann … … das Land der Träume, das in jedem Menschen liegt … … vielleicht als Fantasie … … doch Fantasie und Wirk-

lichkeit liegen hier sehr nah beieinander … … Du gehst in das Land der Träume … …
Du stehst auf einer alten Straße, die aussieht, wie die Straßen früher einmal waren … … eine Allee, mit Bäumen rechts und links … … hohe alte Bäume, die schon lange hier stehen … … und du gehst mit einem Koffer in der Hand über diese Allee … … Du hast ein Ziel … … Du willst etwas von dir zeigen … … genau genommen ist es so, dass du dich mit deinen Stärken und mit deinen Fähigkeiten gut präsentieren willst … … gut, weil du gut bist und Gutes zu bieten hast … … Unsicherheit und Zweifel haben dich lange begleitet und dir den Weg oftmals schwer gemacht … … Dieser Weg, diese Straße führt dich zu deinem Ziel … … nicht einfach zu dem Ziel, also dem Ort, an dem du dich vorstellen oder präsentieren kannst, sondern an dieses besondere Ziel … … dieses Ziel des Gelingens … … das Ziel der Stärke … … das Ziel des Selbstvertrauens und des Mutes, denn genau diese Eigenschaften hast du tief in dir drin … … Manchmal siehst du sie nicht oder zu wenig … … kannst sie nicht so einfach abrufen oder zulassen … … oder nicht immer ganz an sie glauben … … Nur deshalb bist du heute hier … … um deine eigenen Fähigkeiten und Möglichkeiten wieder zu erkennen und zu spüren … … und um wieder ganz und gar an dich selbst zu glauben … … Deshalb gehst du Schritt für Schritt auf deinem

Weg, auf deiner Straße … … Dann bemerkst du, dass dein Koffer ziemlich schwer ist … … Du stellst ihn also ab und machst eine kurze Pause … … Du öffnest den Koffer und findest darin zwei schwere Steine … … Du nimmst den ersten Stein aus dem Koffer … … Er siehst aus wie ein dicker Kieselstein … … und er trägt eine Inschrift … … Auf dem schweren Stein steht „Stein der Angst“ … … Du denkst darüber nach, dass die Angst und die Gefühle der Unsicherheit oft sehr groß waren … … stärker als du dachtest und dann hat dich die angst zu stark gebremst … … Sie war wie ein schwerer Stein, den du in einem Koffer mit dir trägst … … Du nimmst den zweiten Stein aus dem Koffer und betrachtest ihn … … Er sieht ganz ähnlich aus, doch er trägt eine andere Inschrift … … Auf dem zweiten Stein steht „Stein des Zweifelns“ … … Du erinnerst dich an die Selbstzweifel, die dich oft gebremst haben … … oft ausgebremst haben … … Du kennst die Gedanken, die sich mit der Frage beschäftigen, ob du genug bist … … ob du genug kannst … … Die Selbstzweifel, die dich immer wieder in Angst und Schrecken versetzt haben … … Auch die waren wie ein schwerer Stein, der die Last, die zu tragen hattest, so schwer gemacht hat … … Du legst die beiden Steine wieder in den Koffer … … Du verschließt ihn und trägst ihn weiter … … Doch genau genommen willst du diese Last loslassen … … die Steine durch leichtere Gegenstände ersetzen oder sie einfach auf der Straße liegen lassen … … Das hast du schon oft versucht, doch dann waren sie doch immer wieder in deinem Gepäck … … Also trägst du sie heute noch etwas mit dir … … Du gehst weiter, denn bisher ist es gelungen, den Koffer zu tragen … … Es gelingt auch jetzt … … Du schaust zu den Bäumen, die die Straße säumen und entdeckst ein kleines Licht im Straßengraben … … Du gehst näher an den Graben heran und findest eine leuchtende Kugel, die helles, weißes Licht ausstrahlt … … Du nimmst die Kugel in die Hand und bemerkst, dass sie ganz leicht ist … … Sie ist federleicht, denn sie besteht aus purem Licht … … Du stellst den Koffer ab und umschließt die Lichtkugel mit beiden Händen … … Du spürst eine tiefe und angenehme Wärme, die von dem Licht ausgeht … … Diese Wärme strömt in deinen gesamten Körper und erfüllt dich mit Zuversicht und Kraft … … eine Lichtkugel aus purer Lebenskraft hat hier auf dich gewartet … … fast schon übersehen, im Straßengraben liegend, findest du hier eine Kugel aus Licht, die pure Lebenskraft verströmt … … Du schließt die Augen und nimmst so viel von dieser tiefen Kraft auf wie irgendwie möglich … … Doch diese Kugel gehört dir … … Du kannst sie behalten, denn sie verströmt deine eigene Kraft … … eine Kraft, die tief in dir liegt und immer schon dort war … …

manchmal übersehen … … Du konntest sie nicht immer spüren … … Sie lag wie in einem Graben einfach da und hat darauf gewartet, gefunden zu werden … … Jetzt hast du sie gefunden … … Du öffnest den Koffer und legst die Lichtkugel hinein … … dann verschließt du den Koffer, um die Lichtkugel mit dir zu tragen … … Du gehst weiter und Schritt für Schritt fällt dir immer deutlicher auf, dass der Koffer leichter geworden ist … … Er wird so leicht, dass du ihn kaum noch bemerkst … … Er ist einfach da und du trägst ihn mit dir … … Du schaust nach vorne und siehst ein Haus … … Du gehst direkt darauf zu … … Die Straße endet dort, denn das ist der Ort, an den du gehen wolltest … … Du bist fast dort und kannst und wirst dich selbst und deine Fähigkeiten dort präsentieren … … Deshalb gehst du dorthin … … Du kommst an dem Haus an und bereitest dich darauf vor, hinein zu gehen, deinen Termin wahrzunehmen … … dich zu präsentieren … … endlich zu zeigen, was du wirklich kannst … … frei von Angst und Zweifel … … angefüllt und erfüllt von Mut und Kraft in dir … … Du öffnest den Koffer, um noch einmal hinein zu schauen … … Das Licht leuchtet immer noch kräftig … … und du spürst die Wärme der Lichtkugel, die Wärme des weißen Lichtes … … Dann fällt dir auf, dass die beiden Steine verschwunden sind … … Sie sind zu Staub zerfallen, der aus dem Koffer rieselt … … zu

Staub zerfallene Angst … … zu Staub zerfallene Zweifel … … jetzt ist nur noch die Kraft des weißen Lichtes da … … kraft des weißen Lichtes für dich … … Du fühlst diese tiefe Kraft in dir … … Du fühlst diese angenehme Wärme tief in dir … … Du tankst Kraft im Land der Träume … … Du tankst Wärme im land der Träume … … Dann denkst du darüber nach, dass das Land der Träume ganz tief in dir drin ist … … dort war es schon immer … … Ich erzähle dir nur davon … …

[Spüre mit einem tiefen Atemzug deinen Körper und verbinde dich mit dem Gefühl deines Körpers. Werde dir bewusst, dass deine wahren Gefühle tief in dir immer zu finden sind und dass dein Körper dir zeigen kann, wie du dich fühlst. Schenke also deinem Gefühl und deinem Körper jetzt Achtsamkeit und Zuwendung. In dieser Verbundenheit zu dir selbst stellst du dich langsam auf das Wachwerden ein. Du bereitest dich darauf vor, wieder aktiv und agil zu werden, dich wieder zu bewegen und in diesen Raum zurück zu kommen um wach zu sein. Mit einem der nächsten Atemzüge kommst du zurück in den Alltag, verbunden mit dir selbst. Atme tief ein und öffne deine Augen, wenn du soweit bist.]

Der Krug der Elfe

Hoffnung auf Genesung

[Du bist dabei, dich von einer schweren Krankheit zu erholen. Du hast viele Untersuchungen, Diagnosen und Behandlungen über dich ergehen lassen, bist einen anstrengenden Weg gegangen. Dabei hattest du oft Hoffnung und konntest deine Kraft spüren. Doch es gab auch Zeiten, in denen du Kraft verloren hattest und den Mut nicht immer finden konntest, um weiter auf Besserung zu hoffen. Es ist dann oft zur Anstrengung geworden, den eigenen Mut und die eigene Zuversicht zu nutzen oder zumindest zu spüren, dass sie noch da sind. Heute willst du einen inneren Schritt der Kraft und Hoffnung gehen, um wieder Kraft zu schöpfen.]

Schließ deine Augen und entspanne dich vollkommen … … und Schritt für Schritt spürst du eine tiefer gehende Ruhe und Entspannung … … Mit jeder Sekunde tauchst du tiefer in deine Gedanken und Gefühle ein, in deine Fantasie und Kreativität … … denn dort existiert ein Land der besonderen Möglichkeiten und Chancen … … eine Welt, die nur in deinen eigenen Gefühlen und Stimmungen entstehen kann … … das Land der Träume, das in jedem Menschen liegt … … vielleicht als Fantasie … … doch Fantasie und Wirk-

lichkeit liegen hier sehr nah beieinander … … Du gehst in das Land der Träume … …

Du liegst auf einer Wiese und der Himmel über dir ist strahlend blau … … Die Sonne scheint und du nimmst die Wärme der Sonne tief in dir auf … … Dein Körper hat dich geschwächt … … die Krankheit … *[bitte direkt ansprechen … der Krebs … das Magengeschwür …]* … hat dich viel Kraft gekostet … … nun ist es an der Zeit, dich zu erholen … … darauf zu vertrauen, dass du wieder gesund wirst … … dass sich dein Organismus erholt und du so viel Heilung erfahren wirst wie irgendwie möglich … … Untersuchungen und Behandlungen haben dir manchmal die Kraft des Vertrauens und deine Zuversicht genommen … … Operationen und wiederkehrende Krankheitszeichen haben dich noch mehr geschwächt … … Manchmal hast du gedacht, dass du nicht mehr gesund werden könntest oder nicht mehr in deine frühere Kraft kommen kannst … … dann aber gab es Phasen, und es gibt sie immer wieder, in denen du Hoffnung und Zuversicht sehr gut und sehr deutlich spüren kannst … … Augenblicke, in denen du konstruktiv nach vorne blickst und dich wieder auf das Leben einstellst … … Du befürchtest, die Hoffnung irgendwann ganz zu verlieren … … oder nicht mehr durchzuhalten, weil die Belastungen zu stark sind … … Doch stark bist du auch

… … stark genug, um Hoffnung aufzubauen und zu spüren … … stark genug, um deine Selbstheilungskraft zu aktivieren und am Laufen zu halten … … Mit diesen Gedanken in dir schaust du in den Himmel und schaust verträumt den weißen Wolken hinterher, die gemütlich vorbeiziehen … … Sie lassen sich einfach treiben im Wind der Zeit … … ein warmer Sommerwind, der unsichtbar am Himmel vorbei zieht … … Sanft trägt er die Wolken und sanft trägt er auch deine Gedanken von dir weg … … schenkt dir Ruhe und Stille in dir … … Du richtest deine Achtsamkeit auf deinen Körper … … spürst in dich hinein und kannst tatsächlich die Ruhe in dir entdecken und deutlich fühlen … … Du gehst in deinem Gefühl an deinem Körper entlang und findest die Stelle oder den Bereich deines Körpers, der von der Krankheit betroffen war oder ist … … Du spürst dort hinein und mit der Zeit kannst du auch dort Entspannung und Wärme spüren … … stellst dich innerlich darauf ein, dass dort Heilung geschehen kann … … jetzt, in diesem Moment … … Doch vielleicht brauchst du noch mehr … … und tatsächlich kann noch mehr geschehen … … Im Land der Träume geschieht nicht nur Fantasie … … Es geschieht das, was in deinem Gefühl liegt und das, was dort möglich ist … … denn nur das wird zu Bildern in dir … … Dann hörst du plötzlich ein sanftes Flattern … … wie der Flügelschlag eines

Schmetterlings ganz nah an deinem Ohr … … Du öffnest die Augen, um den Schmetterling zu finden … … Doch du erkennst, dass es kein Schmetterling ist, der um dich herum flattert, sondern eine kleine Elfe, die mit ihren zarten Flügelchen genauso sanft wie ein Schmetterling in der Luft schwebt … … Die Elfe fliegt etwas höher, über deinen Körper, damit du sie gut sehen kannst ohne dich anzustrengen … … Du darfst bequem liegen bleiben … … In ihren Händen hält die Elfe ein kleines Töpfchen, das aussieht wie ein kleiner Krug aus Ton … … und in diesem Gefäß befindet sich ein Balsam des Traumlandes … … dieser Balsam besteht aus den schönsten Gefühlen, die du je hattest … … alle Freude, die du jemals erlebt hast, ist in dem Balsam … … vielleicht ist das Gefühl der Freude auch schon sehr lange her, doch kein Gefühl in dir geht verloren … … und in der langen bisherigen Zeit deines Lebens sind deine schönen Gefühle zu Balsam gereift … … Freude ist in diesem Balsam … … deine Freude … … Auch das Gefühl der Liebe ist in dir … … Du kennst das Gefühl der Liebe, weißt wie schön das ist zu lieben und geliebt zu werden … … Wenn das Gefühl auch nicht immer da war … … vielleicht sogar eher selten deutlich zu spüren war, so kennst du es, denn die Momente der Liebe sind wunderschön … … Dieses wunderschöne Gefühl der Liebe ist tief in dir, denn kein Gefühl in dir geht jemals verloren … … Liebe, die du erfahren hast, wurde zu Balsam in dem Krug der Elfe … … Liebe, die du gegeben hast, wurde zu Balsam in dem Krug der Elfe … … Doch es gab auch andere schöne Gefühle, selbst solche, für die es keinen richtigen Namen gibt, weil Worte sie nicht so schön ausdrücken können, wie sie sich tatsächlich anfühlen, wenn sie da sind … … Du erinnerst dich an solche Gefühle … … vielleicht an ganz schöne Momente oder an den schönsten Moment deines Lebens, denn auch das Gefühl des schönsten Momentes ist zu Balsam geworden, der in dem Krug der Elfe ist … … Eine Mischung aus allen guten und positiven Gefühlen … … aus allem, was du liebst und dir gefällt und je gefallen hat … … und diesen wunderbaren Balsam, der alles heilen kann, bringt dir die kleine Elfe … … Sie flattert zu der Stelle deines Körpers, an der die Krankheit saß oder sitzt und reibt den Balsam auf deinen Körper … … und du spürst die angenehme und heilsame Wirkung … … Die heilsame Kraft des Balsams dringt tief in deinen Körper ein … … geht ganz in die Tiefe und heilt deinen Körper … … Du spürst die wohltuende Wirkung des Balsams in der Mitte deines Körpers, denn genau dort entfaltet sich die besondere Wirkung … … Der Balsam der Heilung wird zum Balsam der Hoffnung … … Hoffnung und Zuversicht, die du tief in dir spüren kannst … … Hoffnung und Zuversicht, die du ganz tief in dir jetzt spüren kannst … … Damit spürst du auch den stärker werdenden Glauben an Heilung und an Genesung … … du spürst deinen Glauben daran, dass du bald wieder gesund wirst … … Dann denkst du darüber nach, dass das Land der Träume ganz tief in dir drin ist … … dort war es schon immer … … Ich erzähle dir nur davon … …

[Spüre mit einem tiefen Atemzug deinen Körper und verbinde dich mit dem Gefühl deines Körpers. Werde dir bewusst, dass deine wahren Gefühle tief in dir immer zu finden sind und dass dein Körper dir zeigen kann, wie du dich fühlst. Schenke also deinem Gefühl und deinem Körper jetzt Achtsamkeit und Zuwendung. In dieser Verbundenheit zu dir selbst stellst du dich langsam auf das Wachwerden ein. Du bereitest dich darauf vor, wieder aktiv und agil zu werden, dich wieder zu bewegen und in diesen Raum zurück zu kommen um wach zu sein. Mit einem der nächsten Atemzüge kommst du zurück in den Alltag, verbunden mit dir selbst. Atme tief ein und öffne deine Augen, wenn du soweit bist.]

Rosen ohne Dornen

Hoffnung auf Liebe

> *[Wir alle brauchen Liebe. Niemand ist sich selbst genug, doch manchmal ist da niemand, der uns Liebe geben kann oder will. Wir müssen dann unseren Weg oder zumindest ein Stück davon alleine gehen und auf Liebe eines anderen Menschen für uns verzichten. Selbstliebe mag nicht für alle Zeit ausreichen, doch sie ist wichtiger als wir oft denken. Denn Selbstliebe tröstet und trägt uns ein Stück. Und sie ermöglicht das Zugehen auf Liebe. Wer sich selbst nicht liebt oder nur sehr wenig, der findet auch kaum Liebe von außen. Was du heute tun kannst, ist das Zugehen auf die Selbstliebe, auf die Liebe von dir für dich.]*

Schließ deine Augen und entspanne dich vollkommen … … und Schritt für Schritt spürst du eine tiefer gehende Ruhe und Entspannung … … Mit jeder Sekunde tauchst du tiefer in deine Gedanken und Gefühle ein, in deine Fantasie und Kreativität … … denn dort existiert ein Land der besonderen Möglichkeiten und Chancen … … eine Welt, die nur in deinen eigenen Gefühlen und Stimmungen entstehen kann … … das Land der Träume, das in jedem Menschen liegt … … vielleicht als Fantasie … … doch Fantasie und Wirk-

lichkeit liegen hier sehr nah beieinander … … Du gehst in das Land der Träume … …
Du suchst die Liebe … … Im Land der Träume kannst du sie finden … … hier kannst du jedes Gefühl finden, denn alle Gefühle sind tief in dir … … Oft hast du dich einsam gefühlt, vielleicht sogar jetzt, in diesem Moment im Land der Träume … … Du stehst auf einer grünen Wiese, ganz alleine … … Du schaust dich um, versuchst mit deinen Blicken einen Menschen zu finden, doch niemand ist hier … … Also gehst du alleine los … … Du gehst quer über die Wiese und in der Ferne kannst du rote Blüten erkennen … … ein Blumenfeld … … Du gehst darauf zu … … Schritt für Schritt … … und du denkst über das Gefühl der Einsamkeit und des Alleinseins nach … … Vielleicht denkst du auch, dass beides dasselbe ist … … Doch alleine zu sein bedeutet nicht unbedingt einsam zu sein … … umgekehrt kann es vorkommen, dass ein Mensch von anderen umgeben ist oder in einer Beziehung lebt und dennoch sehr einsam ist … … Du kennst die Einsamkeiten deines Lebens … … Du kennst das Gefühl … … Doch du kennst auch das Gefühl der Liebe … … die Geborgenheit und Wärme, die von Liebe ausgeht … … Du hast sie erlebt, erinnerst dich daran … … Du wünschst dir, diese wärmende und tragende Liebe wieder zu finden … … um dich von ihr tragen zu lassen … … Du wirst von der Hoffnung

auf Liebe begleitet … … und kommst näher an die roten Blumen … … Du kannst dieses Blumenfeld erkennen … … Es sind rote Rosen … … Du kommst an … … Du kannst erkennen, dass die roten Rosen keine Dornen haben … … Die Stiele der Blumen sind glatt … … Und du gehst durch das Feld … … berührst mit den Fingerspitzen die sanften Blütenblätter … … Rote Rosen sind die Blumen der Liebenden … … Hier stehen die roten Rosen als Zeichen der Liebe von dir für dich … … als Zeichen deiner Selbstliebe … … Denn auch die selbstliebe kann dir Geborgenheit und Wärme schenken … … So fühlst du dich mit jedem Schritt durch das Feld etwas wohler … … und fühlst dich nicht mehr alleine … … es ist etwas bei dir … … die Selbstliebe … … und die Hoffnung auf Liebe … … Doch da ist noch mehr … … Du hörst Schritte im Rosenfeld … … kurze, schnelle Schritte … … wie das Laufen eines Kindes … … Du lässt deinen Blick über das Feld schweifen und erblickst ein Kind, das auf dich zuläuft … … ein kleines Kind, vielleicht sechs oder sieben Jahre alt … … *ein kleines Mädchen/ein kleiner Junge … [bitte dem Geschlecht des Zuhörers anpassen, bei Gruppen: ein kleines Mädchen, wenn du eine Frau bist und ein kleiner Junge, wenn du ein Mann bist]* … … Das Kind läuft zu dir, unbeschwert und lachend kommt es auf dich zu und winkt dir zur Begrüßung schon von Weitem zu … … Du winkst zurück und begrüßt dieses lachende, spielende Kind … … es ist so unbeschwert und freudig … … es läuft ganz alleine durch das Blumenfeld und denkt überhaupt nicht darüber nach, ob es alleine ist oder nicht … … das Kind genießt den Tag und die Blumen … … den schönen Duft und die intensive Farbe … … es vertraut ganz selbstverständlich darauf, dass es nicht alleine bleiben wird, denn jetzt bist du da … … Das Kind kommt bei dir an und nimmt dich an der Hand … … und gemeinsam mit dem spielenden Kind läufst auch du unbeschwert und lachend durch das Rosenfeld … … Früher haben dich die Dornen des Lebens oft gestochen und nach vorne getrieben … … haben dich gepikst und gegängelt … … doch hier ist es anders … … hier gibt es keine Dornen … … Hier treibt dich niemand, nur deine eigene Lebensfreude … … Das Kind, das bei dir ist und mit dir gemeinsam durch das Rosenfeld läuft, fühlt sich sehr wohl in deiner Nähe … … es fühlt sich beschützt und geborgen und auch du fühlst eine angenehme Nähe und Verbindung zu dem Kind … … Du fragst das Kind, wie es heißt und als Antwort sagt es deinen Namen … … Es trägt deinen Namen und es fällt dir auf, dass es auch so aussieht wie du … … *der kleine Junge/das kleine Mädchen* sieht so aus wie du als Kind ausgesehen hast … … So ist es als würdest du dich selbst treffen, um dir Liebe zu schenken und Liebe zu erleben … … um die Hoffnung und die Zuversicht, die selbstverständliche Gelassenheit des Kindes noch einmal zu erleben … … Vielleicht warst du als Kind oft fröhlich, vielleicht aber auch oftmals traurig … … Doch als Kind hast du nie die Hoffnung verloren … … Du hast in deiner Fantasie gelebt und dir ausgemalt wie schön alles eines Tages werden wird … … Das Kind, das im Land der Träume deinen Namen trägt … … das Kind, das du selbst in deinem Innern auch bist, zeigt dir, wie das geht … … und schenkt dir seine Hoffnung und seinen Mut … … Im Land der Träume kannst du dem Kind in dir begegnen … … und es kann dir seine Weisheit schenken … … Du umarmst das Kind ganz fest … … Du schenkst diesem Kind, das du als sein inneres Kind annimmst, auch deine Liebe und deine Hoffnung … … Du überlegst dir, dass du das auch in deinem wachen Alltag machen könntest … … dass du auch da mit dir selbst in Verbindung treten kannst und Trost und Hoffnung finden kannst … … Nicht nur in der Fantasie ist das möglich, auch im Alltag … … wenn du zurück bist aus dem Land der Träume … … Doch vielleicht willst du gar nicht zurück kommen … … Vielleicht willst du mit einem Teil von dir immer im Land der Träume sein … … das ist möglich, denn das Land der Träume ist ganz tief in dir drin … … dort war es schon immer … … Ich erzähle dir nur davon … …

[Spüre mit einem tiefen Atemzug deinen Körper und verbinde dich mit dem Gefühl deines Körpers. Werde dir bewusst, dass deine wahren Gefühle tief in dir immer zu finden sind und dass dein Körper dir zeigen kann, wie du dich fühlst. Schenke also deinem Gefühl und deinem Körper jetzt Achtsamkeit und Zuwendung. In dieser Verbundenheit zu dir selbst stellst du dich langsam auf das Wachwerden ein. Du bereitest dich darauf vor, wieder aktiv und agil zu werden, dich wieder zu bewegen und in diesen Raum zurück zu kommen um wach zu sein. Mit einem der nächsten Atemzüge kommst du zurück in den Alltag, verbunden mit dir selbst. Atme tief ein und öffne deine Augen, wenn du soweit bist.]

Die Wegegabelung

Mut zum Neubeginn

[Neue Wege zu gehen, ist nicht immer so einfach. Auch wenn wir uns nicht wohl fühlen, so kennen wir uns auf den eingetretenen Pfaden des Lebens doch gut aus. Wir können Gefahren einschätzen, wissen womit und mit wem wir es zu tun haben. Ein Neubeginn bedeutet auch Risiko. Ein Risiko kann auch Vorteil sein und als konstruktive Herausforderung von uns wahrgenommen werden. Du hast den Neubeginn oft als riskant erlebt, hast dir überlegt, ob du wirklich aufgeben kannst, was du aufgeben willst. Du hast dir überlegt, ob und wie du es schaffen kannst, dich zu befreien. Du willst einen neuen Weg finden.]

Schließ deine Augen und entspanne dich vollkommen … … und Schritt für Schritt spürst du eine tiefer gehende Ruhe und Entspannung … … Mit jeder Sekunde tauchst du tiefer in deine Gedanken und Gefühle ein, in deine Fantasie und Kreativität … … denn dort existiert ein Land der besonderen Möglichkeiten und Chancen … … eine Welt, die nur in deinen eigenen Gefühlen und Stimmungen entstehen kann … … das Land der Träume, das in jedem Menschen liegt … … vielleicht als Fantasie … … doch Fantasie und Wirk-

lichkeit liegen hier sehr nah beieinander … … Du gehst in das Land der Träume … …
Du stehst auf einem Feldweg, der zwischen zwei Feldern liegt … … Du schaust nach links und erkennst ein Kornfeld, das sich auf der linken Seite des Weges ausbreitet … … Das Korn ist schon fast reif, kann bald geerntet werden … … Der Wind weht durch das Feld und biegt die Halme sanft, schaukelt sie hin und her und wühlt dieses Feld auf … … Das Wetter ist angenehm, so wie du es am liebsten hast … … wenn die Sonne scheinen soll, weil dir das besonders gut gefällt, dann lacht sie über dir am Himmel und wärmt dich … … wenn du lieber einen windigen oder stürmischen Herbsthimmel magst, dann soll es so aussehen im Land deiner Träume, denn du hast hier die Macht … … Alles folgt deinem Willen und deinem Plan … … was du dir vornimmst, wird Wirklichkeit im Land der Träume und dann auch in deinem wachen Alltag … … denn alles, was du denken kannst, kann auch Wahrheit werden … … und manchmal entsteht schon in dem Gedanken die Wahrheit oder beide sind gleichzeitig da … … Du willst etwas verändern, willst deinen Lebensweg verändern und du willst ausreichend Mut finden, das zu tun … … dein Vorhaben jetzt Wahrheit werden zu lassen … … Du drehst deinen Blick … … Du schaust nach rechts … … Auf der rechten Seite des Weges siehst du ein frisch gepflügtes

Feld … … ein Feld, das neu bestellt werden kann … … Dann gehst du los … … Du gehst auf dem Weg, der zwischen den beiden Feldern liegt … … Schritt für Schritt … … in deinem Tempo … … kommst du voran … … Vor dir erblickst du eine Wegegabelung … … Du gehst auf die Gabelung zu und kommst schließlich dort an … … Ein Weg führt nach links, zu einer riesigen Glaskugel … … der andere führt nach rechts, über einen Hügel … … Du kannst nicht sehen, was sich hinter dem Hügel verbirgt oder was dort auf dich wartet … … Also überlegst du dir, zuerst den linken Weg zu nehmen und zur Kugel zu gehen … … Du gehst den linken Weg, einige Meter nur, dann erreichst du auch schon die riesige Kugel … … eine gläserne Kugel … … Du gehst ganz nah heran und schaust von außen in die Kugel … … Dort drinnen siehst du dich selbst in deinem Alltag … … Du kannst dir selbst zuschauen, bist *ein Beobachter/eine Beobachterin* deines Lebens … … *ein Beobachter/eine Beobachterin* deiner selbst … … Du erkennst deinen Alltag … … erkennst in den Bildern der Kugel vor allem all das, was du nicht mehr dulden willst … … Du siehst vor allem die Bilder und Ereignisse, die dir zeigen, was du nicht mehr willst … … die Zusammenhänge und Bindungen, aus denen du ausbrechen willst … … die du beenden willst … … die du hinter dir lassen willst, um endlich neu zu beginnen … … ein neues Leben oder einen neuen Abschnitt deines Lebens … … Du gehst um die Kugel herum, doch der Weg endet hier … … Hier gibt es keinen Weg, der dich weiter führt … … es gibt nur dich und die Kugel … … Also gehst du zurück zur Wegegabelung … … Du gehst dorthin, um nun den anderen Weg zu gehen … … um nun den rechten Weg zu wählen … … denn links warst du schon oft … … schon lange … … Du kommst an der Wegegabel an … … Dann atmest du tief ein und aus … … und mit dem Ausatmen löst du deine Gedanken von der Kugel und von allem, was du beenden willst … … und noch einmal … … *[Jetzt im Atemrhythmus des Klienten bitte!]* … …tief einatmen … … ausatmen und loslassen … … gut so … … tief einatmen … … ausatmen und loslassen … … dann gehst du los … … Du gehst auf dem rechten Weg, der dich in eine neue Umgebung führt … … eine Umgebung, die du noch nicht kennst, doch hier geht der Weg weiter … … Der Weg führt nach oben, führt dich auf den Hügel … … Du kommst schließlich auf dem Hügel an und jetzt kannst du auch in die Ferne blicken … … Du blickst von hier aus über eine wunderschöne, blühende und wachsende Landschaft … … Du siehst Wiesen und Wälder … … blühende Bäume und solche, die schon reife Früchte tragen … … Die Natur lebt und wächst und siehst unberührt aus … … Du gehst weiter und folgst deinem Weg durch diese Landschaft, die so farbenfroh leuchtet … … Da erblickst du zwischen blühenden Apfelbäumen eine weitere Glaskugel … … Du gehst zwischen den Bäumen hindurch und kommst zur Kugel … … Du schaust von außen in die Kugel … … Sie ist vollkommen leer … … ganz leer … … Du gehst mit einem Schritt in die Kugel und stehst in ihrem Innern … … und langsam entstehen neue Bilder um dich herum … … Bilder, die dir zeigen, wie schön und interessant dein Leben schon bald sein wird, sobald du den neuen Weg gehst … … sobald du den Platz und Freiraum, den du gewinnst, mit deinen eigenen Ideen und Bedürfnissen füllst … … So entstehen schöne Bilder und Eindrücke in deiner Kugel und du stehst mitten in diesen Bildern … … vielleicht erfüllte Träume, die du schon lange hast … … vielleicht überraschende Ideen und Bildeindrücke, die du hier wahrnimmst … … Mit deinen Bedürfnissen und mit deinen Ideen und Wünschen entstehen ganz von selbst schöne Bilder in dieser Kugel, die dich jetzt ganz umgeben … … Diese Kugel gehört dir … … Du kannst sie neu befüllen … … denn jetzt ist die Zeit gekommen, neue Wege zu gehen und du fühlst, wie gut es dir tut … … Du fühlst dich frisch und gesund und stark … … Du spürst deine Kraft auf diesem Weg in ein neues Land … … in dieser Kugel, die du nun endlich selbst befüllen darfst … … Heute schon im Land der Träume und vielleicht morgen schon in deinem wachen Alltag … … oder übermorgen … … oder an jedem weiteren Tag deines Lebens ein weiteres Stück … … Dann denkst du darüber nach, dass das Land der Träume ganz tief in dir drin ist … … dort war es schon immer … … Ich erzähle dir nur davon … …

[Spüre mit einem tiefen Atemzug deinen Körper und verbinde dich mit dem Gefühl deines Körpers. Werde dir bewusst, dass deine wahren Gefühle tief in dir immer zu finden sind und dass dein Körper dir zeigen kann, wie du dich fühlst. Schenke also deinem Gefühl und deinem Körper jetzt Achtsamkeit und Zuwendung. In dieser Verbundenheit zu dir selbst stellst du dich langsam auf das Wachwerden ein. Du bereitest dich darauf vor, wieder aktiv und agil zu werden, dich wieder zu bewegen und in diesen Raum zurück zu kommen um wach zu sein. Mit einem der nächsten Atemzüge kommst du zurück in den Alltag, verbunden mit dir selbst. Atme tief ein und öffne deine Augen, wenn du soweit bist.]

Schlusswort

Nachdem Sie die Trancegeschichten gelesen haben, sind sicherlich schon Ideen entstanden, zu welchem Anlass und in welcher Form Sie die eine oder andere Geschichte einmal vorlesen können. Das geht mit allen Geschichten auch ohne speziellen Anlass, einfach so zur Entspannung. Die angesprochenen Themen spielen bei allen Menschen eine Rolle und können keinesfalls Schaden anrichten. Wenn Sie nun überlegen, eigene Geschichten zu schreiben oder auch frei zu formulieren, dann möchte ich Sie ausdrücklich dazu ermuntern. Es steht keine Geheimwissenschaft dahinter und falsch machen können Sie kaum etwas. Wenn Sie verständnisvoll und liebevoll formulieren, gelingt Ihnen auch das Schreiben einer guten Trancegeschichte. Sie werden sehen, wie leicht das ist und wie wirksam und vor allem hilfreich Ihre eigenen Geschichten sein werden.

Buchreihe: Zehn Hypnosen

Zehn Hypnosen. Band 1: Raucherentwöhnung
ISBN: 978-3-8391-1838-2

Zehn Hypnosen. Band 2: Angst und Unruhezustände
ISBN: 978-3-7322-4734-9

Zehn Hypnosen. Band 3: Burn Out
ISBN: 978-3-7322-4717-2

Zehn Hypnosen. Band 4: Übergewicht reduzieren
ISBN: 978-3-7322-4569-7

Zehn Hypnosen. Band 5: Vergangenheitsbewältigung
ISBN: 978-3-7322-4719-6

Zehn Hypnosen. Band 6: Suizidgedanken und Suizidversuche
ISBN: 978-3-7322-4722-6

Zehn Hypnosen. Band 7: Psychoonkologie
ISBN: 978-3-7322-4725-7

Zehn Hypnosen. Band 8: Zwänge und Tics
ISBN: 978-3-7322-4726-4

Zehn Hypnosen. Band 9: Selbstvertrauen und Entscheidungen
ISBN: 978-3-7322-4727-1

Zehn Hypnosen. Band 10: Trauerarbeit
ISBN: 978-3-7322-4729-5

Zehn Hypnosen. Band 11: Psychosomatik
ISBN: 978-3-7322-8515-0

Zehn Hypnosen. Band 12: Chronische Schmerzen
ISBN: 978-3-7322-8527-3

Zehn Hypnosen. Band 13: Depressive Gedanken
ISBN: 978-3-7322-8528-0

Zehn Hypnosen. Band 14: Panikanfälle
ISBN: 978-3-7322-8533-4

Zehn Hypnosen. Band 15: Gewalterfahrungen
ISBN: 978-3-7322-8535-9

Zehn Hypnosen. Band 16: Posttraumatischer Stress
ISBN: 978-3-7322-8538-9

Zehn Hypnosen. Band 17: Prüfungsangst und Lampenfieber
ISBN: 978-3-7322-8546-4

Zehn Hypnosen. Band 18: Anti-Gewalt-Training
ISBN: 978-3-7322-8549-5

Zehn Hypnosen. Band 19: Suchttendenzen
ISBN: 978-3-7322-8550-1

Zehn Hypnosen. Band 20: Soziale Phobie und Kontaktangst
ISBN: 978-3-7322-8557-0

Weitere Hypnosebücher

Selbsthypnose. Das Praxisbuch *ISBN: 978-3-7322-4667-0*

Hypnose kreativ gestalten. Anleitungen und Texte für die Praxis
ISBN: 978-3-8448-0308-2

Hypnosepraxis. Ein Leitfaden der Trancearbeit
ISBN: 978-3-8370-7629-5

Reframing in Trance. Perspektiven mit Hypnose ändern
ISBN: 978-3-8370-7639-4

Rückführungen. Leitfaden der Reinkarnationstherapie
ISBN: 978-3-8370-7642-4

Der Hypnosebaukasten. Textbausteine und Anleitungen
ISBN: 978-3-8391-8109-6

Grundkurs Hypnose *ISBN: 978-3-8391-0170-4*

Suggestionen richtig formulieren *ISBN 978-3-8370-9519-7*

Suggestionstexte und Hypnosevorlagen

Hypnosetexte 1. 50 ausformulierte Suggestionstexte
für den Hypnosehauptteil *ISBN: 978-3-7322-4658-8*

Hypnosetexte 2. 50 ausformulierte Suggestionstexte
für den Hypnosehauptteil *ISBN: 978-3-7322-4659-5*

Hypnosetexte 3. 50 ausformulierte Suggestionstexte
für den Hypnosehauptteil *ISBN: 978-3-7322-4660-1*

Hypnosetexte 4. 50 ausformulierte Suggestionstexte
für den Hypnosehauptteil *ISBN: 978-3-7322-4665-6*

Hypnosetexte 5. 50 ausformulierte Suggestionstexte
für den Hypnosehauptteil *ISBN: 978-3-7322-8631-7*

Hypnosetexte 6. 50 ausformulierte Suggestionstexte
für den Hypnosehauptteil *ISBN: 978-3-7322-8625-6*

Buchreihe: Im Land der Träume - Fantasiereisen für Erwachsene

Band 1: Selbstachtung und Selbstwertgefühl; Gewalt gegen die Mutter *ISBN: 978-3-7322-8620-1*

Band 2: Psychosomatik; Panikanfälle *ISBN: 978-3-7322-8627-0*

Band 3: Einschlafstörungen; Übergewicht und Essanfälle *ISBN: 978-3-7322-8571-6*

Band 4: Sexueller Missbrauch durch Priester; Gewalt in der Kindheit *ISBN: 978-3-7322-8572-3*

Band 5: Suchttendenzen (Alkohol); Angst beim Autofahren *ISBN: 978-3-7322-8574-7*

Band 6: Burnout; Trauerbewältigung *ISBN: 978-3-7322-8581-5*

Band 7: Prüfungsangst; Kontrollzwänge *ISBN: 978-3-7322-8605-8*

Band 8: Ticstörungen; Schwangerschaftsabbruch *ISBN: 978-3-7322-8608-9*

Band 9: Fehlgeburt; Flugangst *ISBN: 978-3-7322-8610-2*

Band 10: Existenzangst; Hypochondrie *ISBN: 978-3-7322-8611-9*

Weitere Fantasiereisen und Trancegeschichten

Wellen am Horizont. Trancegeschichten (*verschiedenen Themen) ISBN: 978-3-8391-1394-3*

Heilsame Fantasien. Trancegeschichten (*verschiedenen Themen) ISBN: 978-3-8391-0899-4*

Fang wieder an zu leben. Trancegeschichten (*Abbruch- und Umbruchsituationen) ISBN: 978-3-7322-4695-3*

Spiegelbilder im See. Trancegeschichten (*Beziehungen) ISBN: 978-3-7322-9736-8*

Feuer am Wasserfall. Trancegeschichten (*Gefühle und Stimmungslagen) ISBN: 978-3-7322-9782-5*

Frieden mit dem inneren Kind. Trancegeschichten (*Vergangenheitsbewältigung) ISBN: 978-3-7357-8853-5*

Im Land der Sternenkinder. Trancegeschichten *(für Eltern von Sternenkindern) ISBN: 978-3-7322-8624-9*

Diesseits der Sternenbrücke. Trancegeschichten *(für Pflegekräfte) ISBN: 978-3-7322-8623-2*

Heilpraktikerbücher

Heilpraktiker für Psychotherapie. Prüfungswissen
ISBN: 978-3-8334-9867-1

Heilpraktiker für Psychotherapie. Die mündliche Prüfung
ISBN: 978-3-8334-9868-8

Heilpraktiker für Psychotherapie. Die schriftliche Prüfung
ISBN: 978-3-8370-0347-5

Heilpraktiker für Psychotherapie. 20 Fallbeispiele
ISBN: 978-3-8370-1090-0

Endlich Heilpraktiker. Die häufigsten Irrtümer in der Psychotherapieprüfung *ISBN: 978-3-8370-0329-1*

Übungsaufgaben Psychotherapie. Zur Vorbereitung auf den kleinen Heilpraktiker *ISBN: 978-3-8370-0683-4*

Crashtest Psychotherapie. Zur Vorbereitung auf den kleinen Heilpraktiker *ISBN: 978-3-8370-0709-1*

Spezialtest Psychotherapie. Für kleine und große Heilpraktiker *ISBN: 978-3-8370-5838-3*

Heilpraktikerprüfung Psychotherapie. 200 kommentierte Aufgaben *ISBN: 978-3-8370-6017-1*

Diagnosetraining Psychotherapie. Ein Arbeits- und Nachschlagebuch *ISBN: 978-3-8370-4281-8*

Psychotherapie. Der Fragenkatalog. Fachwissen Heilkunde
ISBN: 978-3-8370-5396-8